ABRIENDO PASO:

GRAMÁTICA

TESTS, TAPESCRIPT, AND ANSWER KEYS

ABRIENDO PASO: GRAMÁTICA

TESTS, TAPESCRIPT, AND ANSWER KEYS

José M. Díaz

HUNTER COLLEGE HIGH SCHOOL

Glenview, Illinois
Needham, Massachusetts
Upper Saddle River, New Jersey

ISBN 0-8384-0096-5

3 4 5 6 7 8 9 10   05 04 03 02

Table of Contents

|||||||||||||||||||||||||||||||||||||||||||||||||

Scoring Guide for the Tests

The Tapescript for Sin rodeos... Sections
of ABRIENDO PASO: GRAMÁTICA

Answer Key for the Text Exercises
for ABRIENDO PASO: GRAMÁTICA

||||||||||||||||||||||||||||||||||

TESTS FOR
ABRIENDO PASO: GRAMÁTICA

José M. Díaz

Unidad 1

La narración y la descripción en el pasado (I)

Examen

I. Completa las siguientes situaciones con la forma correcta del verbo entre paréntesis en **el tiempo pasado** apropiado. Usa **el pluscuamperfecto** de los verbos que están marcados con un asterisco.

A. Ignacio le explica a su amigo por qué cree que tiene gripe.

Ayer yo _____ (salir) de mi casa a las siete en punto. Antes de salir,

_____ (escuchar-yo) las noticias y _____ (saber) que

probablemente llovería. _____ (Salir-yo) del apartamento,

_____ (bajar) por el ascensor y cuando _____ (abrir) la puerta

del edificio _____ (estar) lloviendo a cántaros. _____ (Ser) una

tontería de mi parte que una vez que _____ (estar-yo) en la calle no

_____ (querer) regresar a buscar un paraguas. Cuando _____

(llegar-yo) al metro _____ (estar) mojado de pies a cabeza. En la escuela

_____ (empezar-yo) a estornudar y ahora creo que tengo gripe.

B. Victoria habla sobre su amigo Sasha, un chico de Rusia.

Hace dos meses nosotros _____ (conocer) a Sasha en una reunión de

estudiantes extranjeros. Él nos _____ (decir) que _____

(nacer*) en Rusia y que _____ (venir*) a los Estados Unidos en 1992.

Verdaderamente _____ (lograr-él) mucho en muy poco tiempo. Cuando él

_____ (llegar) a este país no _____ (saber) inglés y al principio

_____ (tener) problemas. Ahora ya está en una escuela muy buena y está

sacando unas de las mejores notas de la clase.

C. Tomás habla sobre lo que les pasó a Carlos y a Celeste una noche.

_____ (Ser) las diez de la noche y no _____ (haber) muchas

personas en la calle. Carlos y Celeste _____ (caminar) a su casa después de

una fabulosa noche de teatro. Ellos _____ (ir*) a ver la nueva producción de

La casa de Bernarda Alba. Aunque usualmente a ellos no les _____ (gustar)

mucho el teatro, su interés en la obra de Federico García Lorca los _____

(animar) a ir. Según ellos, los actores _____ (ser) fenomenales. El escenario

_____ (ser) una serie de paredes blancas con decoraciones negras que

_____ (crear) un ambiente sofocante y sombrío. Al llegar a la esquina de su

casa, _____ (encontrarse-ellos) con una señora vestida de negro que

_____ (estar) cruzando la calle. Al verla, los dos _____

(mirarse) con un poco de sorpresa. _____ (Saber-ellos) que

_____ (ver*) a esa señora antes, pero... ¿dónde? De repente, ella

_____ (darse-ellos) cuenta de que _____ (ser) la actriz que

_____ (hacer*) el papel de Bernarda Alba.

D. Alberto le cuenta a Sara la historia de su viaje al campo a la casa de su primo Ricardo.

—¿Por qué no _____ (venir-tú) con nosotros al partido ayer?

—_____ (Tener-yo) que ayudar a mi primo Ricardo. Su coche

_____ (descomponerse) y yo _____ (conducir) el coche de

mi madre para llevarlo a su casa. Sabes que vive en el campo.

—Claudia te _____ (buscar) por todas partes. Nosotros le

_____ (decir) que no se preocupara, que no te _____ (pasar*)

nada y que llegarías pronto. Juan le _____ (mentir) y le

_____ (decir) que tú _____ (tener*) que hacer un mandado

para tu madre. Así ella _____ (tranquilizarse) un poco.

—Mientras nosotros _____ (ir) a su casa, el coche _____

(quedarse) sin gasolina. _____ (Andar-nosotros) por tres kilómetros

buscando una gasolinera hasta que por fin _____ (pasar) un camión que

nos _____ (llevar) hasta la gasolinera que _____ (quedar)

más cerca. Hasta entonces _____ (tener*) suerte.

—Oye Alberto, eso _____ (ser) como una novela de aventuras.

—Bueno, eso no _____ (ser) todo. Como no _____ (caber-

nosotros) en el asiento delantero, _____ (subirse) atrás. Allí

_____ (encontrar-nosotros) un venado (*deer*) muerto. Como sabes, eso es

ilegal. Entonces, el señor _____ (parar) el camión y nos

_____ (pedir) que bajáramos. En ese momento _____ (darse-

nosotros) cuenta de que por la carretera _____ (venir) la policía. De

pronto el señor _____ (huir) en su camión y por eso nosotros

_____ (tener) que caminar un poco más, aunque no mucho. Luego

_____ (saber-nosotros) que hacía días que la policía _____

(buscar) a este señor. Él _____ (dedicarse) a matar venados para un

restaurante muy conocido... Cuando Ricardo lo _____ (saber), él

_____ (sentirse) muy mal.

—Eso es de película. Creo que de ahora en adelante voy a tratar de andar más contigo y

vivir esa vida aventurera que pareces llevar.

II. Expresa lo que tú o tus amigos **han hecho** últimamente para tener éxito en la escuela. Usa tu imaginación.

1. Nosotros queremos tener éxito en la escuela, por eso nosotros...

_____

2. Mis amigos también quieren salir bien en sus clases, ellos...

_____

3. Por mi parte (*as for me*), yo...

_____

III. Expresa lo que tú y tus amigos **habían hecho** antes de ir a la última fiesta. Usa tu imaginación.

1. Antes de ir a la última fiesta yo ya...

_____

2. Mis amigos ya...

_____

3. Nosotros ya...

_____

IV. Imagina que quieres contarle a un(a) amigo(a) la última película que viste. Sigue la guía para organizar tus ideas. Usa los tiempos del pasado (pretérito, imperfecto, presente perfecto y pluscuamperfecto) para expresar tus ideas.

A. Al principio tienes que dar una idea del ambiente (*surroundings*). Escribe **tres** frases en las que describas el lugar, la hora del día, el tiempo (*the weather*), etc.

_____

_____

_____

B. Ahora di por lo menos **tres** cosas que sucedieron en la película.

_____

_____

_____

© Pearson Education, Inc.

C. Usa **dos** frases para expresar cómo terminó la película.

_____

_____

_____

_____

D. En **tres** frases expresa tu opinión sobre la película.

_____

_____

_____

_____

Etapa 1

La narración y la descripción en el pasado (I)

I I I I I I I I I I I I

I. Completa los siguientes párrafos con la forma correcta del verbo en **el pretérito**. Si el infinitivo está marcado con un asterisco usa **el pluscuamperfecto**.

A. A Tomás se le perdió un reloj. Él les dice a sus amigos lo que pasó.

Ayer cuando yo _____ (llegar) a mi casa _____ (darse) cuenta de

que no llevaba mi reloj. Me _____ (poner) un poco triste porque ese reloj me

lo _____ (regalar)* mi abuela, quien _____ (morir) el año pasado.

Yo _____ (empezar) a pensar dónde lo _____ (dejar)* la última

vez. Lo _____ (buscar) por todas partes; pero después de más de una hora

_____ (decidir) acostarme. Yo _____ (apagar) las luces y

_____ (acostarse). De repente _____ (recordar) que me lo

_____ (quitar)* cuando _____ (bañarse)* esa mañana.

B. El siguiente párrafo habla sobre los inmigrantes cubanos y su vida en los Estados
Unidos.

Durante los años 60 muchos cubanos _____ (huir) de su isla querida a causa

de la situación política en su país. Los nuevos inmigrantes _____ (venir) en

busca de una nueva vida. Aunque algunos _____ (quedarse) en el área de

Miami por mucho tiempo después de su llegada, otros _____ (empezar) a

buscar esa nueva vida en otros estados y _____ (poder) establecerse en otras

áreas, aunque muchas veces con gran dificultad. La mayoría de ellos _____

(permanecer) en la Florida y su presencia _____ (producir) un cambio en la

cultura que se ha hecho muy notable con el correr de los años. Sin duda, los cubanos

_____ (contribuir) entonces, y todavía siguen contribuyendo al desarrollo del

estado de la Florida de una manera inigualable.

C. Carola habla sobre la última vez que fue a una excursión con sus amigos.

En la última excursión nosotros _____ (ir) a las montañas de Shenandoah. El primer día _____ (andar-nosotros) por varias horas disfrutando del aire, los animales y la naturaleza. A eso de las tres _____ (empezar) a llover. Inmediatamente nosotros _____ (ponerse) las capas y _____ (comenzar) a construir un campamento. Esa noche _____ (hacer) mucho frío. No todos _____ (caber-nosotros) en la tienda de campaña y algunos _____ (tener-nosotros) que dormir afuera. Pero antes de acostarnos, Teresa y Alberto _____ (leer) cuentos de misterio. Ellos _____ (divertirse) pero yo no _____ (poder) dormir mucho.

D. Jorge les dice a sus amigos lo que sucedió con el libro que le prestó a su amigo Eduardo.

Eduardo me _____ (mentir). Me _____ (decir) que él no _____ (romper)* la portada de mi libro. Después de hablar con varios de los estudiantes, _____ (saber-yo) que él _____ (estar)* jugando con él como si fuera una pelota de fútbol. Cuando lo _____ (ver-yo) la semana pasada, lo único que _____ (hacer-él) _____ (ser) mirarme. Luego él se _____ (sonreír) y _____ (irse). Ayer _____ (encontrarse-yo) con él pero no _____ (tener-yo) tiempo para hablarle. Él me _____ (ver) y _____ (salir) corriendo. Yo no _____ (querer) buscar problemas y _____ (decidir) olvidar el incidente. Ahora no sé qué hacer; la profesora me _____ (pedir) el libro y no se lo puedo dar.

II. Completa las frases que dicen unos estudiantes sobre lo que ocurría en el pasado. Usa la forma correcta del verbo en **el imperfecto**.

1. El profesor _____ (asistir) a todas las reuniones del club.

2. Generalmente, yo _____ (ir) a visitar a mis amigas los domingos.

3. Nosotros _____ (ser) los mejores jugadores de la ciudad.

4. Tú siempre le _____ (dar) los apuntes a los estudiantes que no

_____ (venir) a clase.

5. Ella _____ (ver) a su novio regularmente.

6. Cuando _____ (ir-nosotros) al río, _____ (divertirse) mucho.

7. Por la tarde mis amigos _____ (quedarse) en la biblioteca hasta que sus

padres los _____ (buscar).

III. En preparación para una fiesta, los estudiantes parecen tener las mismas dificultades que siempre tienen con el conserje (*janitor*) de la escuela. Completa las frases con la forma correcta del verbo en **el presente perfecto**.

1. Yo _____ (tener) que limpiar todas las mesas.

2. Alicia y Tomás _____ (cubrir) las mesas con unos manteles muy bonitos.

3. Nosotros no _____ (ver) al conserje en todo el día.

4. Esta escena _____ (repetirse) muchas veces.

5. Nosotros le vamos a decir al director que el conserje no _____ (hacer) nada

para ayudarnos.

6. Alicia anda buscándolo y todavía no lo _____ (encontrar).

IV. Juan había planeado una broma (*joke*) para su amigo Carlos. Completa las frases siguientes con la forma correcta del verbo en **el pluscuamperfecto**.

1. Juan les _____ (describir) el plan detalladamente a sus amigos pero no les

   _____ (decir) cómo reaccionó Carlos.

2. A Juan le dolía el estómago porque _____ (reírse) demasiado.

3. Los padres de Carlos _____ (ser) informados sobre la broma también.

4. Nosotros _____ (oír) que Carlos tenía buen sentido de humor.

5. Yo nunca _____ (poder) apreciar el gran sentido de humor de Carlos hasta hoy.

Unidad 2

La descripción de nuestros alrededores: diferencias y semejanzas

Examen

I I I I I I I I I I I

1. Lee las siguientes frases. Luego completa la frase usando el verbo *ser* y la información entre paréntesis para describir lo que leíste. Recuerda que la posición del adjetivo es muy importante. Haz los cambios necesarios al adjetivo.

   1. Úbeda es una ciudad pequeña pero en mi opinión es maravillosa. Allí se puede apreciar la tranquilidad de una típica ciudad española. (ciudad-grande)

      Úbeda... _____

   2. Susana ha logrado (*achieved*) mucho en su vida. Trabaja fuera de su casa y tiene una familia ideal. (mujer-único)

      Susana... _____

   3. Yo conozco a Alberto desde que ambos teníamos tres años. (amigo-viejo)

      Alberto... _____

   4. Julio no tiene mucha suerte. Nosotros le tenemos lástima (*pity*). (hombre-pobre)

      Julio... _____

   5. Todos los hechos que aparecen en el libro son verídicos (*truthful*). (hechos-cierto)

      [Ellos...] _____

   6. La actriz que hace el papel (*plays the role*) de Elena se parece (*looks like*) a la actriz que hace el papel de Cecilia. Yo creo que no son dos actrices diferentes. (actriz-mismo)

      Ella... _____

© Pearson Education, Inc.

II. Escribe **dos** frases **comparando** cada uno de los temas a continuación. Explica las diferencias y semejanzas.

1. una escuela pública y una escuela privada

_____

_____

_____

2. la televisión y el cine

_____

_____

_____

3. una casa en el campo y un apartamento en la ciudad

_____

_____

_____

4. las ciencias y los deportes

_____

_____

_____

5. la música clásica y la música rock

_____

_____

_____

III. Lee la información que aparece en estos anuncios. Luego, **compara** los viajes indicados según las categorías entre paréntesis.

• **VALENCIA** •

por 2.450 pesetas

Excursión de un día.

Salida: 19 de marzo desde Madrid.

Autocar. Regreso de madrugada.

B E N I D O R M

desde 16.900 pesetas

8 días. Salida: 13 de marzo.
Autocar desde Madrid.
Alojamiento en pensión completa.

BENICARLÓ por 20.000 pesetas

FIN DE SEMANA. 2 NOCHES.
PARADOR COSTA DEL AZAHAR.

VALENCIA y PEÑÍSCOLA
por 7.400 pesetas

3 Noches.
Salida: 19 de marzo desde Madrid.
Autocar y alojamiento.
Recorrido: Valencia, Peñíscola y Sagunto.

Viaje #1	Viaje #2
(Valencia)	(Benidorm)
Viaje #3	Viaje #4
(Benicarló)	(Valencia y Peñíscola)

1. Viaje #1 y Viaje #4 (el costo)

_____

_____

_____

2. Viaje #2 y Viaje #3 (días que duran [*last*])

_____

_____

3. Viaje #1 y Viaje #4 (número de ciudades que se visitan)

_____

_____

4. Viaje #3 y Viaje #4 (noches que duran)

_____

_____

IV. Piensa en la ciudad ideal para ti. Compárala con la ciudad donde vives ahora. En el párrafo incluye una comparación de las personas que viven allí, los edificios que hay, los lugares de interés y las actividades en que puedes participar. Usa el tiempo presente. El párrafo debe tener por lo menos *siete* frases.

_____

_____

_____

_____

_____

_____

_____

_____

_____

_____

V. Imagina que eres el (la) director(a) de una película y que tienes que diseñar la escenografía para una de las escenas. Escoge el tipo de película que te guste más (de aventuras, de misterio, romántica, de ciencia ficción, etc.) y describe el escenario que has escogido. Escribe por lo menos *siete* frases.

_____

_____

_____

_____

_____

_____

_____

_____

_____

_____

VI. Escoge una de tus pertenencias (*belongings*) y explica por qué es importante para ti. Por ejemplo, una muñeca, una camiseta, un regalo muy especial, un álbum de fotos, una pelota firmada por un jugador famoso, una gorra (*cap*), etc. Luego, habla de alguna pertenencia que sea importante para uno de tus compañeros de clase. Escribe por lo menos *siete* frases.

_____

_____

_____

_____

_____

_____

_____

_____

_____

_____

_____

VII. Seguramente durante el verano o durante el año escolar lees muchos libros. Escoge dos libros que hayas leído recientemente y escribe *siete* frases **comparándolos**. Algunas ideas que puedes incluir son: el tipo de libro, los personajes, las descripciones, el final, etc.

_____

_____

_____

_____

_____

_____

_____

_____

_____

_____

_____

_____

© Pearson Education, Inc.

Etapa 2

La descripción de nuestros alrededores: diferencias y semejanzas

Examen

I I I I I I I I I I I I I

I. Escribe una frase para describir los animales, objetos o eventos a continuación. Debes usar por lo menos *dos adjetivos* en cada frase. Las frases pueden ser afirmativas o negativas. Haz los cambios necesarios a los adjetivos.

1. un oso (grande/fuerte/peligroso/feroz)

_____

_____

2. los cuadros de Picasso (abstracto/interesante/caro/fenomenal)

_____

_____

3. las actividades sociales de tu escuela (aburrido/emocionante/divertido/deprimente)

_____

_____

4. una bomba atómica (horrible/destructor/peligroso/necesario)

_____

_____

II. Lee las frases a continuación. Luego, usa la información entre paréntesis y la expresión **lo + adjetivo** y el verbo **ser** para expresar lo que dirías en esas situaciones.

1. Va a haber mucha gente en el concierto. (importante/llegar a tiempo)

_____

2. Llueve mucho. (malo/tener que salir a la calle)

_____

3. La novela es muy buena. (interesante/el final)

_____

III. Escoge cuatro de los pares de palabras a continuación. Luego, escribe una frase **comparándolos**. Usa uno de los adjetivos entre paréntesis. En algunos casos vas a necesitar la forma irregular del adjetivo.

1. elefantes/monos (pequeño/inteligente)

_____

_____

2. delfines/ballenas (listo/grande)

_____

_____

3. teatro/cine (bueno/emocionante)

_____

_____

4. esquiar/jugar baloncesto (difícil/complicado)

_____

_____

5. ir al doctor/ir al dentista (malo/divertido)

_____

_____

IV. Unos jóvenes muestran las fotos que han sacado en sus últimas vacaciones. Ellos les describen a sus amigos lo que ven en ellas. Escribe en español la forma correcta del **adjetivo** o **pronombre demostrativo** que aparece entre paréntesis.

—_____ (*This one*) aquí es mi amigo Jorge.

_____ (*That*) chica allí es su novia. Ellos usaron

_____ (*these*) bicicletas para viajar por

_____ (*those*) montañas.

—¿Y quién es _____ (*that*) chico que se ve allá a lo lejos?

—Es Manuel, nuestro guía. ¿Ves _____ (*those*) árboles en la distancia? Él nos mostró cómo ellos usan sus hojas para hacer té.

—¿Y _____ (*those*) allá?

—_____ (*Those*) son plantas medicinales. Las usan para todo tipo de enfermedades.

—¿Es verdad _____ (*that*), Celeste?

—Sí, claro.

—Sin duda alguna, _____ (*this*) ha sido una de las mejores experiencias que hemos tenido en _____ (*this*) viaje.

V. A tu amigo(a) le gusta hacer comentarios mientras lee el periódico. ¿Qué piensas tú que diría al leer los siguientes titulares (*headlines*)? Aquí tienes una lista de adjetivos que puedes usar en tus respuestas. Usa **el superlativo**.

generoso/inteligente/complicado/caro

Joven de quince años se gradúa de la universidad a los 18 años

Cuadro de Picasso fue vendido por un millón de dólares

Señora millonaria regala tres edificios a las personas que perdieron sus casas durante el huracán

NUEVO JUEGO PARA COMPUTADORAS: CASI IMPOSIBLE DE RESOLVER

1. _____

2. _____

3. _____

4. _____

VI. Lee la siguiente información, luego escribe una frase **comparando** la información que se da en las dos frases. Usa tantas formas de comparación como puedas.

1. Un cuarto en el Hotel Prado cuesta 2.000 pesetas. Un cuarto en el Hotel Quintero cuesta 2.000 también.

_____

_____

2. Yo vi tres películas este fin de semana. Felicia vio tres también.

_____

_____

3. Fernando estudia tres horas cada noche. Susana sólo estudia una hora y media.

_____

_____

4. Los Sánchez tienen dos coches. Los Torres tienen cuatro.

_____

_____

5. Esos trabajadores tenían que trabajar ocho horas. Aquéllos sólo trabajaron seis.

_____

_____

VII. Escribe en español la forma correcta del **adjetivo** o **pronombre posesivo** que aparece entre paréntesis. En algunos casos vas a necesitar et artículo definido para formar el pronombre.

1. Cuando salimos no encontramos _____ (*our*) bicicletas, así que tuvimos que regresar con Juan en _____ (*his*) coche.

2. Mañana vienen unos amigos _____ (*mine*) a visitarnos. Voy a llevarlos a todos _____ (*my*) lugares favoritos.

3. Un pariente _____ (*mine*) nos dijo que ellos habían regalado la colección de estampillas que era de _____ (*their*) abuela.

4. Yo le voy a prestar a Gisela _____ (*my*) chaqueta porque _____ (*mine*) es mejor que _____ (*hers*).

5. Celia y Gloria ayudaron a Beatriz a escoger el vestido para la graduación. Celia y Gloria no compraron _____ (*theirs*) hasta que los pusieron en venta especial.

6. —No tienes que llevar _____ (*your*) coche; yo llevo _____ (*mine*).

   —Y tú Gerardo, ¿por qué no le pides prestado a Gloria _____ (*hers*)?

7. —Allí vienen _____ (*his*) hermanos, ellos han estado estudiando en _____ (*their*) cuartos todo el día.

   — ¡Qué aplicados son!

VIII. Expresa en español las frases entre paréntesis.

1. Yo siempre veo a _____ (*the same woman*) en la calle.

2. Mi familia compró _____ (*an old* [*ancient*] *house*).

3. El Sr. Soler es _____ (*the only teacher*) que habla alemán.

4. Ese canal ofrece _____ (*various programs*) sobre las elecciones.

Unidad 3

La narración y la descripción en el presente

Examen

`||||||||||||`

I. Imagina que quieres cartearte con jóvenes de países de habla hispana. Decides publicar un anuncio en una revista. Escribe el anuncio incluyendo la siguiente información sobre ti mismo(a).

   a. edad

   b. descripción física

   c. personalidad

   d. gustos y preferencias, pasatiempos, intereses

   e. el tipo de personas que te gustan

   f. otra información pertinente

_____

_____

_____

_____

_____

_____

_____

_____

_____

_____

II. Completa las siguientes frases explicando lo que haces tú u otras personas en cada una de estas situaciones. Usa por lo menos <u>dos</u> actividades de la lista para cada situación. También puedes usar otras actividades que no estén en la lista.

salir/conducir/jugar/pedir/quedarse/preferir/reírse/
ver/pensar/poner/dormirse/preocuparse/permanecer/
ofrecer/alegrarse/obtener/dar/poder/enojarse/sentirse

1. Cuando tengo una cita, yo...

_____

_____

2. Cuando estoy triste, mis amigos...

_____

_____

3. Cuando mis amigos están preocupados, yo...

_____

_____

4. Cuando llueve y hace mal tiempo, tú...

_____

_____

5. Cuando tiene tiempo libre, mi madre...

_____

_____

III. Imagina que estás de vacaciones. Escribe una tarjeta postal a un(a) amigo(a) hablando de las actividades en que participas.

Por la mañana...

_____

_____

A la hora del almuerzo...

_____

_____

Por la tarde...

_____

_____

A la hora de la cena...

_____

_____

Por la noche...

_____

_____

IV. Rogelio y su amiga Rosa están hablando sobre sus planes para esta noche. Completa la conversación con la forma correcta del verbo **ser** o **estar** en el tiempo presente.

—Rogelio, ¿por qué _____ (tú) acostado en el sofá cuando todos tus

amigos _____ jugando afuera?

—_____ (yo) cansado. Necesito descansar antes del baile de esta noche.

—Claro. Y por fin... ¿dónde _____ el baile? ¿En la escuela?

© Pearson Education, Inc.

—No, en un club. ¿Tú vas a ir?

—Quizás. Mi novio _____ muy religioso. _____ judío y esta noche tiene que ir al templo. Este día _____ celebrado por los judíos alrededor del mundo.

—Comprendo. Oye, ¡qué contento _____ Santiago!

—Sí, esta noche tiene una cita con Alejandra. Él _____ muy orgulloso de su conquista. Ella _____ una chica fenomenal. Ella _____ nicaragüense y sus padres _____ arquitectos. Pertenece a una familia muy buena.

—Y yo sé que a Santiago le gustan las chicas como ella. Ella _____ alta y morena y _____ muy lista también. ¡La chica ideal!

—A propósito, ¿dónde _____ tu hermano?

—Él _____ jugando afuera. Le regalé un bate nuevo. _____ de una madera especial y le encanta.

—¡Qué bien! Tú siempre _____ tan atento con tu familia. Oye… ¿y qué día _____ hoy?

—Jueves. ¿Por qué?

—_____ el catorce de diciembre. _____ el cumpleaños de Sara. Uy… no le compré un regalo.

—Mira, _____ las cuatro pero todavía tenemos tiempo para ir a la tienda. ¡Apúrate!

—Sí, vamos. _____ importante darle algo. _____ una de mis mejores amigas. ¡Qué tonta _____! ¿_____ tú listo?

—Sí, pero no te preocupes. Yo _____ seguro de que encontraremos algo. Todavía tenemos tiempo. Vamos en mi coche.

—¿Y ese coche allí? ¿De quién _____?

—_____ de mis nuevos vecinos. _____ médicos los dos.

Etapa 3

La narración y la descripción en el presente

Examen

I I I I I I I I I I I I

I. Completa las siguientes situaciones con la forma correcta del verbo entre paréntesis en **el tiempo presente**.

A. Federico y Ana van a salir de viaje.

—Oye, Federico, yo no _____ (caber) en este coche.

—¿Por qué no _____ (poner) tú la maleta en el maletero, así

_____ (ir) a haber más espacio.

—Buena idea. _____ (Ser) que siempre _____ (traer-yo) más ropa

de la que yo _____ (necesitar).

—_____ (Tener-tú) que aprender a viajar con menos equipaje.

—Ya lo _____ (saber-yo). A propósito, yo _____ (conducir) para

que tú _____ (poder) descansar.

B. Sergio y Verónica se preparan para un maratón.

—¿A qué hora _____ (comenzar) el maratón?

—A las tres. ¿_____ (Pensar-tú) que nosotros _____ (poder)

ganar?

—Pues, claro. Siempre _____ (haber) que tener esperanza. Además, nosotros

_____ (estar) en buen estado físico. ¿Qué _____ (hacer) tú

antes de un maratón?

—Yo siempre _____ (despertarse) temprano, pero no _____

(desayunarse) y si es por la tarde no _____ (almorzar). Sólo

_____ (beber) jugo.

—Ten cuidado. La dieta _____ (ser) importante. Por lo menos

_____ (tener-tú) que cenar bien.

—Sí, ya lo _____ (saber-yo). Siempre les _____ (decir-yo) lo

mismo a mis compañeros, pero no _____ (hacer-yo) lo que

_____ (deber-yo).

—Bueno, ¿no _____ (practicar-tú) lo que les _____ (decir-tú)?

—A veces...

© Pearson Education, Inc.

C. Luis y Beatriz hablan antes de salir para un concierto en el que van a participar.

—¿_____ (Venir-tú) esta tarde?

—Claro. Si yo _____ (resolver) todo, _____ (ir-yo) a estar allí sin falta.

—Si _____ (llover) y yo _____ (demorarse) no te preocupes. Nosotros no _____ (comenzar) a tiempo nunca.

—¿Cuánto _____ (costar) la entrada?

—No _____ (saber-yo). Si les _____ (pedir-tú) un descuento, te lo darán.

—Oh, ya _____ (volver) los otros. _____ (Vestirse-yo) en un minuto. Si tú _____ (cerrar) las ventanas _____ (poder-nosotros) salir en seguida.

D. Rosa habla sobre la relación que tiene con sus padres.

Yo siempre _____ (obedecer) a mis padres. Siempre _____ (seguir-yo) sus consejos. En un año _____ (graduarse-yo) de la escuela secundaria y ellos _____ (confiar) en que yo _____ (ir) a seguir mis estudios. Ellos me _____ (dar) mucha libertad. Yo _____ (reconocer) el valor de la comunicación con ellos. Yo los _____ (incluir) en mi vida personal. Cuando yo _____ (hablar) por teléfono con mis amigos, no _____ (espiar). Esa libertad _____ (reflejarse) en mis acciones. Yo _____ (elegir) cuidadosamente a mis amigos. Si yo _____ (salir) con mis amigos mucho, yo los _____ (convencer) de que mi trabajo de la escuela no _____ (ir) a ser afectado y les _____ (agradecer-yo) mucho la confianza que ellos _____ (tener) en mí. Ellos siempre _____ (preferir) discutir cualquier problema conmigo.

E. Rodolfo habla sobre sus abuelos y las visitas que él y sus amigos hacen a su casa.

Cuando yo _____ (oír) a mis amigos hablar sobre sus planes, siempre _____ (pensar) en los consejos de mis abuelos. Yo _____ (recordar) las historias que ellos me _____ (contar) para ilustrar lo que me _____ (querer) enseñar. Aunque ellos _____ (ser) mayores, ellos _____ (entender) a la juventud muy bien. No _____ (ser) como esas personas que _____ (repetir) lo mismo constantemente.

Mis amigos también _____ (demostrar) mucho cariño hacia ellos y muchas

veces _____ (dormir-ellos) en su casa cuando yo me quedo allí. Mis amigos

_____ (sentirse) muy cómodos cuando nosotros _____

(encontrarse) en casa de mis abuelos y nosotros _____ (charlar),

_____ (jugar) o _____ (reírse) mucho. Yo _____

(entretenerse) cada vez que los _____ (visitar). Algunas veces yo los

_____ (oír) hablar con sus amigos y _____ (darse-yo) cuenta de

que nuestras visitas los _____ (distraer) mucho. Cuando yo _____

(despedirse) de ellos siempre _____ (sentir-yo) un poco de tristeza pero

_____ (saber-yo) que mis visitas _____ (continuar) trayéndoles

mucha alegría. Nosotros _____ (seguir) visitándolos porque no

_____ (perder-nosotros) el tiempo allí, sino que _____ (aprender-

nosotros) mucho.

II. Isidoro quiere mirar un programa de televisión con Gloria. Completa la conversación
con la forma correcta del verbo reflexivo en **el tiempo presente o el infinitivo**.

—Gloria, tienes que _____ (quedarse) despierta, así podemos ver el programa

juntos.

—Si yo no _____ (acostarse) ahora mi mamá _____ (enojarse).

Durante la semana yo _____ (levantarse) a las seis.

—¡Mañana no tenemos clases!

—Es verdad. En ese caso, estoy segura de que mamá no _____ (enojarse) si

yo _____ (quedarse) viendo la televisión contigo.

—Excelente. Vamos a _____ (reírse) mucho. Ese actor y yo _____

(parecerse) mucho. Él siempre _____ (burlarse) de la gente demasiado

seria. En este episodio él y la actriz principal _____ (casarse) pero sus

padres _____ (enfadarse) y luego ella _____ (arrepentirse) de lo

que hizo.

—Bueno, ¡trae el helado! ¡El programa ya va a empezar!

—No _____ (acordarse-tú) de que estoy a dieta?

—Ay, lo siento.

III. Usando los verbos siguientes, di lo que las personas hacen en estos momentos. Usa **el tiempo progresivo**.

1. Hace tres días que buscan al ladrón. Él _____ (seguir/huir) de la policía.

2. ¡Qué película más cómica! Todos _____ (estar/reírse).

3. A ellos no les gusta la comida de la escuela. Cuando regresan a casa, ellos siempre _____ (llegar/pedir) comida.

4. Ernesto va a llegar tarde a la escuela. Él _____ (salir/peinarse) a la calle.

5. Juan es mi mejor amigo. ¿Por qué _____ (andar/decir) tú que él es antipático?

6. Me gusta llegar a la escuela a tiempo por eso yo _____ (continuar/acostarse) antes de las once.

Unidad 4

Cómo expresar deseos y obligaciones

Examen
| | | | | | | | | | | | |

I. Los estudiantes del club de español han invitado a un novelista a la escuela. Como no quieres que se pierda, le das instrucciones para que pueda llegar a tu salón de clase sin dificultad. Usando **el mandato Ud.**, escribe las instrucciones explicando cómo llegar desde que entra a la escuela hasta tu salón de clase. Los verbos y las frases a continuación te pueden ayudar con las instrucciones.

entrar/tomar el ascensor/seguir derecho/
doblar a la derecha (a la izquierda)/subir/bajar

_____

_____

_____

_____

_____

II. Alguien dice las siguientes frases. Léelas y luego da **un mandato** lógico. Usa **el mandato tú**.

1. —Me han robado la cartera.

_____

2. —Se me olvidó el dinero en casa.

_____

3. —Tengo un dolor de cabeza horrible.

_____

4. —No sé a qué universidad voy a asistir.

_____

5. —Estoy preocupado porque Elena no me ha escrito.

_____

III. ¿Cuáles son las características de un buen estudiante? Escoge entre las expresiones siguientes para expresar lo que un estudiante tiene que hacer para ser un buen estudiante. Escribe **seis** frases expresando tus ideas.

tener que + infinitive/deber + infinitive/hay que + infinitive/haber de + infinitive/u otras expresiones impersonales como *es necesario, es importante,* etc.

_____

_____

_____

_____

_____

_____

IV. Lee las frases que alquien dice a continuación. Luego completa lo que otra persona dice de una manera lógica. Usa tu imaginación.

1. Nunca puedo terminar las tareas a tiempo.

El profesor te aconseja que tú...

_____

_____

2. Gerardo, sabes que no debes fumar.

Mi mejor amigo ruega que yo...

_____

_____

3. No me llevo bien con esos chicos.

Nosotros recomendamos que tú...

_____

_____

4. Mi perro no deja de ladrar.

Los vecinos no quieren que nosotros...

_____

_____

5. Jacinta me invitó a salir de compras, pero tengo que quedarme en casa hoy.

Ella me pide que yo...

_____

_____

6. Samuel y Abelardo hablan por teléfono por horas.

Sus padres insisten en que él...

_____

_____

7. No hemos podido terminar los experimentos de química.

La profesora exige que nosotros...

_____

_____

8. Cecilia y Rogelio comen constantemente.

El doctor sugiere que ellos...

_____

_____

V. Completa las siguientes situaciones con los verbos entre paréntesis. Debes escoger entre **el presente de indicativo** o **el presente de subjuntivo**.

A. Unos amigos hacen planes para ir a un concierto.

—¿Por qué insistes en que yo _____ (pasar) por tu casa? Es mejor que tú

_____ (encontrarse) con nosotros en la entrada del parque.

—Pienso que será más fácil si _____ (encontrarse-nosotros) en mi casa

pues dicen que _____ (ir) a haber mucha gente en el concierto.

—Si nos _____ (esperar-tú) en la esquina opuesta a la entrada del parque no

_____ (ir-nosotros) a tener ninguna dificultad en encontrarte. Yo podría

buscarte pero es importante que _____ (llegar-nosotros) temprano para

poder sentarnos en un buen lugar.

—Bueno. Te aconsejo que _____ (estar-tú) allí a las seis en punto. A esa

hora creo que _____ (poder-nosotros) encontrar un buen sitio.

—De acuerdo. Te suplico que _____ (llegar-tú) allí temprano.

—Bueno, ojalá que no _____ (perderse-yo).

B. La familia López va a recoger a Tata, la hermana de la señora López. Ella viene a visitarlos.

—Mira, Santiago. Es preciso que _____ (averiguar) si Tata viene en autobús o en tren. No quiero que _____ (empezar-ella) a preocuparse si no _____ (haber) nadie esperándola.

—No te preocupes. Deja que yo _____ (comunicarse) con Alberto para que él me dé la información.

—Mil gracias. Es verdad que él siempre _____ (ocuparse) de todo. Yo te aconsejo que le _____ (preguntar-tú) también si ella _____ (traer) mucho equipaje. Quiero estar seguro de que _____ (haber) suficiente espacio para todos. Si no, no permitiré que Alberto y Sarita _____ (ir). Aunque a ellos les gustaría dar el paseo, pienso que más vale que _____ (quedarse-ellos) aquí.

—Es obvio que ellos la _____ (querer) mucho y que _____ (ir) a disfrutar el paseo. No los obligues a que _____ (pasarse) toda la mañana solos en casa. Yo puedo traer mi coche y así _____ (poder-nosotros) ir todos.

—Eres un ángel. Espero tu llamada antes de hacer cualquier plan.

—Bien, hasta luego.

—Hasta más tarde, Santiago.

Etapa 4

Cómo expresar deseos y obligaciones

Examen

I I I I I I I I I I I I I

I. Lee las frases a continuación. Luego, escribe **el mandato de la forma familiar tú** de los verbos entre paréntesis para completar la respuesta o el comentario que alguien le hace a estas personas.

1. José molesta mucho a Elena porque él cambia los canales del televisor constantemente.

—Por favor, José, no _____ (cambiar) tanto los canales.

2. Si Ernesto sale de la casa antes de las siete, evitará el tránsito.

—_____ (Salir) temprano.

3. El parque donde Sara corre es muy peligroso.

—No _____ (correr) allí por la noche.

4. La hermana de Antonio está durmiendo.

—No _____ (hacer) ruido.

5. Carlos está enfermo, su doctor le recomendó descanso.

—Carlos, no _____ (ir) al gimnasio esta semana.

6. Hace mucho frío afuera y Daniel tiene que salir a la calle.

—_____ (Ponerse) el abrigo y los guantes.

7. Estela sale de viaje muy temprano mañana.

—_____ (Hacer) las maletas esta noche.

II. Lee las frases a continuación. Luego, completa la respuesta que alguien les da a estas personas con **el mandato formal Ud. o Uds.**

1. Tiene que pasar por la máquina de rayos X.

—_____ (Sacar) Ud. todo lo que trae en los bolsillos.

2. Señor Iglesias, la reunión es muy importante.

—No _____ (olvidarse) de traer los documentos.

3. Muchos periodistas van a estar presentes durante la conferencia de prensa.

—_____ (Pensar) Uds. cuidadosamente lo que van a decir.

© Pearson Education, Inc.

4. Ud. es muy inteligente.

—No _____ (ser) modesto.

5. El abogado no se encuentra en la oficina ahora.

—_____ (Venir) Ud. a las tres.

6. No queremos sentarnos solos.

—_____ (Sentarse) Uds. aquí con nosotros.

7. Quieren que la policía vea lo que sucedió.

—No _____ (mover) Uds. nada.

III. Lee las situaciones a continuación. Luego completa las frases con **el mandato nosotros**.

1. Juan y Alicia caminan por el parque. Juan le dice:

—¡_____ (Sentarse) aquí!

2. Tomás y José van al campo mañana por la mañana. Tomás le dice a José:

—¡_____ (Acostarse) temprano!

3. Adela y su madre quieren ir al centro pero no tienen mucho tiempo. Adela le dice a su madre:

—¡_____ (Ir) en el metro!

4. Pedro y Zoila han invitado a varias personas a cenar. Los invitados no han llegado. Zoila le dice a Pedro:

—¡No _____ (poner) la mesa todavía!

5. Rosa y María quieren enviar varios paquetes a sus parientes. Un amigo las viene a buscar para ir al correo. Rosa le dice a María:

—¡_____ (Tener) todo listo para las dos de la tarde!

IV. Completa las siguientes situaciones con la forma correcta del verbo entre paréntesis en **el presente de subjuntivo**.

A. Los empleados de una compañía se preparan para una presentación especial para uno de sus clientes.

—Es necesario que Adela _____ (entregar) el informe a tiempo. El gerente de la compañía quiere que sus clientes _____ (enterarse) de lo que está sucediendo con su proyecto.

—¿Qué consejos les va a dar él si Adela no ha terminado el informe?

—No sé. Nosotros preferimos esperar hasta mañana ya que ellos insisten en que
_____ (tener-nosotros) todo terminado antes de decidir qué vamos a hacer.

—Ojalá que ella _____ (poder) entregarlo lo antes posible. Es imprescindible
que _____ (traducir-nosotros) también algunas partes del informe al inglés.
El presidente también nos sugiere que _____ (pensar-nosotros) en todas
las preguntas y respuestas posibles. Así no tendremos problemas con los clientes.

B. Carlos y Adela hablan sobre sus padres.

—¿Por qué te exigen tus padres que _____ (llegar-tú) antes de las diez a
casa?

—Porque ellos piensan que es mejor que yo no _____ (andar) por el centro
hasta las altas horas de la noche.

—Debes hablarles y explicarles que nosotros vamos a un café muy concurrido y que
nunca hablamos con gente extraña.

—Mira, más vale que yo _____ (dejar) las cosas así. No quiero que ellos me
_____ (prohibir) participar en la excursión este fin de semana.

—Tienes razón. Te suplico que _____ (hacer-tú) todo lo posible para ir a la
excursión. Mis amigos dicen que ellos siempre se divierten mucho.

—¿Y tú? ¿Dejas que tus padres _____ (influir) en tus decisiones?

—Bueno, ellos hacen que yo les _____ (pedir) permiso para todo.

—Son muy protectores. Para mis padres es importante que ellos _____
(saber) dónde y con quiénes ando.

C. Ana habla con Gregorio sobre su amigo Teodoro.

—Cuando Teodoro me escribe siempre me pide que le _____ (mandar)
tarjetas postales. Desea que las tarjetas _____ (ser) de edificios y puentes.
También le gustan los libros de arquitectura. Espera poder estudiar arquitectura un
día.

—Yo le pregunté a mi compañero de clase y él sugiere que _____ (visitar-tú)
la librería de la universidad. Dile al dependiente que te _____ (dar) una lista
de los libros más populares.

—Así lo haré. Aunque conviene que tú me _____ (acompañar). Tú sabes
mucho de arquitectura y me podrás recomendar algunos libros también. Es preciso
que _____ (poder-nosotros) enviarle algún libro para su cumpleaños.

© Pearson Education, Inc.

—Excelente idea. Te recomiendo que _____ (estar) en la puerta de la escuela a eso de las tres.

—Ojalá que lo que _____ (escoger-nosotros) le guste. Teodoro es un chico fenomenal.

D. Susana y Santiago preparan el salón de clase para una fiesta que les van a dar a los estudiantes de la escuela primaria.

—Santiago, es necesario que todas las cajas _____ (caber) en ese armario. Ojalá que no _____ (caerse-ellas) cuando abramos las puertas.

—También es menester que no _____ (romper-nosotros) la piñata que pusimos en una de las cajas.

—¿Me permites que yo _____ (conducir) a casa de Alberto para buscar el resto de las decoraciones?

—Ahora no, pero te recomiendo que _____ (empezar-tú) a poner las sillas en esa esquina. Estela sugiere que _____ (servir-nosotros) la comida y los refrescos en esas mesas allí.

—Sí, más vale que los invitados _____ (sentarse) en esas sillas.

—Ay, ojalá que Estela _____ (encontrar) los pasteles que tanto les gustan a los chicos. Es necesario que ella _____ (recordar) todo lo que tiene que hacer.

Unidad 5

La narración y la descripción en el futuro: cómo expresar emoción, duda, negación, probabilidad o conjetura

Examen-Sección A

I. Lee las siguientes frases; luego usa la información entre paréntesis para expresar una conjetura/suposición sobre lo que lees. Usa **el futuro** en tus respuestas.

1. Tú quieres escalar una montaña en los Andes. (tú/no saber que es peligroso)

_____

2. Luisa no se siente bien. Tiene la cara hinchada (*swollen*). (ella/tener dolor de muelas)

_____

3. Yo acabo de ganar la lotería. (yo/poder pagar todas mis cuentas)

_____

4. Eugenio pidió un préstamo (*loan*) para comprar el cuadro. (el cuadro/valer mucho)

_____

5. No encuentro a mis primos. (ellos/haber salido ya)

_____

II. Escribe **tres** frases para expresar algunos de los proyectos que tú y tus amigos tienen para el futuro. Usa las siguientes expresiones:

pensar/esperar/tener ganas de/querer

Yo…

_____

_____

Mi mejor amigo…

_____

_____

Algunos de mis compañeros…

_____

_____

© Pearson Education, Inc.

III. Completa las frases a continuación para expresar lo que habrá sucedido para la fecha indicada. Usa **el futuro perfecto** en tus respuestas.

1. Para mañana yo ya...

_____

2. Para la semana próxima, mis padres ya...

_____

3. Para el año próximo, mis amigos y yo ya...

_____

IV. Un estudiante de intercambio viene a pasarse unos meses en tu escuela. Usa las expresiones a continuación para escribir **cuatro** consejos que le vas a dar cuando él llegue.

con tal de que/de modo que/en caso de que
antes de que/luego que

1. _____

2. _____

3. _____

4. _____

V. Lee las situaciones a continuación; luego completa las frases para expresar lo que tú u otras personas opinan sobre ellas. Usa tu imaginación. Tienes que escoger entre **el indicativo** y **el subjuntivo**.

1. Hace una semana que Fernando no viene a la escuela.

A mí me sorprende que Fernando...

_____

_____

2. Eduardo acaba de comprar una computadora formidable. Nosotros dudamos que

Eduardo...

_____

_____

3. Carlota y Julia no van a poder venir este fin de semana. Es justo que tú...

_____

_____

© Pearson Education, Inc.

4. A fines de este mes los estudiantes de intercambio van a regresar al Perú.

Es indispensable que nosotros...

_____

_____

5. Sergio va a representar a nuestra escuela en la competencia.

Yo estoy seguro(a) de que el entrenador...

_____

_____

VI. La vida en las ciudades es muy interesante. Lee los comentarios que hacen varias personas. Luego, complétalos de una manera original. Usa tu imaginación y no repitas las ideas. Tienes que escoger entre **el indicativo** y **el subjuntivo**.

1. Hay mucho crimen en ese barrio. No te olvides de cerrar la puerta antes de que...

_____

_____

2. En este edificio no arreglan (*fix*) nada. Nosotros no vamos a pagar el alquiler hasta que el dueño (*owner*)...

_____

_____

3. Mis vecinos quieren vender su apartamento. ¿Conoces a alguien que...

_____

_____?

4. El Sr. Camacho ha sido alcalde por siete años pero él acaba de perder la elección. Es evidente que los ciudadanos (*citizens*)...

_____

_____

5. Últimamente las calles de la ciudad están muy sucias. Esto sucede cada vez que...

_____

_____

6. Nosotros no podemos dormir durante los fines de semana. Hay una discoteca en el primer piso del edificio. Voy a llamar a la policía tan pronto como yo...

_____

_____

VII. Completa las siguientes selecciones con la forma correcta del verbo entre paréntesis. Tienes que escoger entre **el presente de indicativo, el presente de subjuntivo** o **el infinitivo.**

A. Los padres de Justino hablan sobre las precauciones que ellos toman cuando no están en casa.

Generalmente cuando salimos le _____ (dejar-nosotros) una llave a Jacinto

debajo de la alfombra que tenemos delante de la puerta para que él _____

(poder) entrar a la casa. Siempre tenemos miedo de que alguien _____

(enterarse) de que nosotros _____ (dejar) la llave allí. Es posible que alguien

_____ (entrar) en la casa cuando no _____ (haber) nadie.

Aunque él _____ (ser) un chico bastante joven, él sabe el número de

teléfono de nuestro trabajo a fin de que él _____ (poder) llamarnos cuando

él nos _____ (necesitar). Nuestra vecina también está al tanto del autobús

que lo _____ (traer) de la escuela en caso de que _____ (haber)

algún problema. Vale la pena _____ (tomar) todas estas precauciones con

tal de que nosotros _____ (sentirse) tranquilos.

B. Tina habla con su vecina, Dolores. Dolores acaba de limpiar las ventanas. Tina le habla sobre los problemas que ella tiene limpiándolas.

Una vez que tú _____ (limpiar) las ventanas, vas a tener que cerrarlas pues

el polvo _____ (ensuciar) todos los muebles. En mi casa después de que yo

las _____ (limpiar), siempre llueve. He decidido no limpiarlas más a no ser

que _____ (venir) alquien a visitarme o que _____ (estar)

demasiado sucias. Pensándolo bien, la próxima vez cuando yo _____

(necesitar) lavarlas, voy a llamar uno de esos servicios de limpieza aunque

_____ (ser) demasiado caro. Es obvio que yo no _____ (estar)

hecha para ese tipo de trabajo.

C. La nueva telenovela "Corina" es muy popular pero hay personas que la encuentran un poco escandalosa.

El director de "Corina", la nueva telenovela, no está seguro de lo que harán con el próximo capítulo. Duda que algunas estaciones _____ (mostrar) el episodio que _____ (tener-ellos) pensado televisar la semana próxima. Él teme que el público _____ (protestar) a causa del tema. Muchas compañías han protestado y han dicho que es preferible que sus anuncios no _____ (aparecer) durante el programa si el tema _____ (ser) tan polémico como han anunciado. Los gerentes de varias estaciones, sin que nadie se los _____ (haber) pedido, han decidido posponer el episodio. Es probable que esto _____ (ser) un tipo de censura. Al mismo tiempo es absurdo que a estas alturas la gente _____ (seguir) protestando después de que ellos han contribuido al éxito de esta escandalosa novela.

D. Eduardo habla con Isabel. Ella está enferma y él quiere invitarla a cenar en un restaurante muy bueno.

Tómate estas pastillas a menos que el médico te _____ (recetar) otras. Quizás te _____ (causar-ellas) malestar en el estómago. Cuando _____ (sentirse-tú) mejor, llámame y saldremos a cenar juntos. No me importa esperar. Después de que tú _____ (mejorarse) iremos, pues para que tú _____ (disfrutar) de este restaurante tienes que sentirte bien. Estoy seguro de que _____ (ir) a ser una experiencia inolvidable. Espero que tú no _____ (decidir) ir con otra persona. Deseo ofrecerte esta cena como regalo de cumpleaños. En cuanto tú _____ (probar) la comida, estarás de acuerdo en que éste es uno de los mejores restaurantes del área. No es muy formal, así que tú _____ (poder) ir con cualquier vestido. Tal vez _____ (encontrarse-nosotros) allí con algunos de los artistas famosos que _____ (frecuentar) el lugar. Sin duda alguna, lo vas a pasar muy bien. Digan lo que _____ (decir) los críticos, yo sé que a mi madre, quien es muy exigente, le encanta, y no conozco a nadie que _____ (quejarse) de la comida.

IV. Completa las siguientes selecciones con la forma correcta del verbo entre paréntesis. Tienes que escoger entre **el presente de indicativo** y **el presente de subjuntivo**. Antes de comenzar, lee toda la selección para tener una idea general del contexto.

A. Bianca habla sobre el vendedor de flores que trabaja cerca de su casa.

Todas las mañanas salgo temprano de mi casa. En la esquina me encuentro con Pedro, el vendedor de flores que siempre _____ (estar) allí, a menos que _____ (llover). No creo que él _____ (saber) mi nombre, pero yo lo _____ (considerar) un amigo. Es una lástima que no _____ (esforzarse-yo) y le _____ (hablar-yo) por un rato. Al mismo tiempo, dudo que él _____ (querer) pasar mucho tiempo conversando conmigo mientras _____ (atender-él) su negocio. Quizás mañana _____ (hacer-yo) una pequeña pausa en mi carrera al metro y _____ (quedarse) unos minutos hablando con él. Después de todo, siempre me sorprende que en una ciudad tan grande como ésta _____ (encontrar-nosotros) caras conocidas dondequiera que _____ (ir-nosotros). Puede ser una coincidencia, o mi decisión de hablar con Pedro, pero cada día de esta semana me he encontrado con alguien que _____ (conocer-yo).

B. Gregorio y Pedro han tenido algunos problemas. La esposa de Gregorio decidió invitar a Pedro y a su esposa a cenar.

—Mira, Gregorio, trata de terminar tu trabajo antes de que _____ (llegar) los invitados. Yo voy a poner la mesa cuando _____ (ser) las seis.

—De acuerdo. Cada vez que _____ (tener-nosotros) una celebración aquí se nos hace tarde.

—Si nos vestimos pronto, no pienso que _____ (tener-nosotros) ningún problema. Oye... parece mentira que no _____ (haber-nosotros) visto a los Fernández desde el año pasado.

—El tiempo vuela. Tengo muchas ganas de darle un buen abrazo a Pedro en cuanto lo _____ (ver). Por enojado que yo _____ (haber) estado con él, todavía lo _____ (considerar) mi mejor amigo.

—Estoy segura de que él _____ (sentirse) igual que tú. ¿Por qué crees que decidí invitarlos? Me parece que una buena cena _____ (ser) una ocasión fenomenal para que _____ (olvidarse-Uds.) de los problemas del pasado.

—Tienes razón. Siempre vale la pena _____ (salvar) una amistad.

Etapa 5

La narración y la descripción en el futuro: cómo expresar emoción, duda, negación, probabilidad o conjetura

Examen

I I I I I I I I I I I

I. Escribe la forma correcta de los verbos entre paréntesis en **el tiempo futuro**.

A. El siguiente artículo habla sobre una exposición de arte. El próximo día dieciséis,

_____ (celebrarse) la apertura (*opening*) de la exposición del gran maestro

Eugenio Flores. Ésta _____ (ser) la primera vez que el señor Flores

_____ (exponer) su obra en Latinoamérica. Por primera vez, el público

_____ (poder) apreciar la sutileza y maestría con que este gran pintor usa los

colores. Reconocido por muchos años en su tierra natal de España, el señor Flores

_____ (traer) a este lado del Atlántico sus mejores obras. Durante su

estancia, _____ (haber) una serie de conferencias organizadas por la Galería

Montiel. El público _____ (tener) la oportunidad de dialogar con críticos e

historiadores de arte que _____ (venir) de varios países. Los aficionados a su

arte _____ (querer) hacer reservaciones lo antes posible. Las entradas a la

exposición no _____ (valer) mucho, ya que los organizadores desean que el

mayor número de personas pueda disfrutar de las actividades planeados para esta

esperada exposición.

B. Adela y Paco están ayudando a su jefe. Él se muda a una nueva casa y les ha pedido que

le lleven algunas cajas. Ellos hacen planes para el próximo día.

—Estas cajas no _____ (caber) en el maletero del coche. ¿Qué

_____ (decir) el Sr. Campos si no las llevamos todas?

—Bueno, _____ (poner-yo) estas tres en el asiento y las otras en el maletero.

—Sí, pero escribe el contenido de cada caja pues no _____ (saber-yo) cuáles

tienen los platos.

—No te preocupes nosotros _____ (salir) juntos y Juan y Laura nos

_____ (ayudar) también pues ellos no _____ (trabajar) mañana.

—¿Piensas que _____ (hacer) buen tiempo?

—Claro. Así lo ha dicho el pronóstico.

—¿_____ (Ir-tú) a su casa después del almuerzo?

—No, pienso salir a eso de las once.

—En ese caso te _____ (esperar-yo).

—Claro, ya te dije que vamos juntos.

II. Lee las siguientes situaciones. Luego escribe una frase expresando por qué habrán ocurrido. Usa el **futuro perfecto**.

1. La obra de teatro no se estrena hasta el próximo mes.

   Ellos _____ (tener) problemas con los sindicatos (*unions*).

2. Cinco estudiantes fueron expulsados de la escuela ayer.

   Ellos _____ (hacer) algo malo.

3. Hace tres días que no duermo.

   Tú _____ (tener) mucho trabajo.

4. Este programa de computadora no funciona bien.

   Nosotros _____ (equivocarse) al instalarlo.

5. Él no quiere ver esa película en mi casa.

   Él ya la _____ (ver) en la televisión.

Unidad 6

La narración y la descripción más detallada en el pasado (II)

Examen-Sección A

I I I I I I I I I I I

I. Imagina que tú o tus amigos se encuentran en las siguientes situaciones. ¿Qué harías (harían)? Completa las frases de una manera original.

1. Uds. tienen que cuidar cinco perros de su vecino.

Si nosotros...

_____

_____

2. Tu padre te pide que cortes la hierba.

Si mi padre...

_____

_____

3. Tu mejor amigo, que ronca (*snores*) como un tractor, se va a quedar en tu casa durante el fin de semana y va a dormir en tu cuarto.

Si mi mejor amigo...

_____

_____

Ahora, ¿qué habrían hecho tu profesor y tus padres en estas situaciones?

4. Tu profesor(a) se cayó al salir de la escuela.

Si mi profesor(a)...

_____

_____

5. Tus padres dejaron el regalo que compraron para tu mejor amigo en el avión.

Si a mis padres...

_____

_____

© Pearson Education, Inc.

II. Imagina que fuiste de vacaciones con tu familia. Completa las frases siguientes de una manera original. Ten presente que todas las frases están en el pasado.

1. Llevamos pocas maletas en caso de que nosotros...

_____

2. Decidimos ir al hotel en taxi en cuanto yo...

_____

3. Una vez que estábamos en el cuarto, Jorge decidió dormir una siesta antes de que nosotros...

_____

4. Mi padre y yo salimos a dar un paseo por la playa con tal de que mi madre...

_____

5. Después de unas horas en la isla mi hermana se sentía como si ella...

_____

III. Imagina que el año pasado algunos de tus compañeros hicieron una encuesta (*survey*) que te pareció un poco escandalosa. Lee las declaraciones que hicieron. Como estabas a cargo del periódico de tu escuela te reuniste con tus compañeros para expresar tu opinión. Usa la lista de expresiones y verbos a continuación para expresar lo que opinaste en la reunión. No repitas las expresiones. Recuerda que tienes que usar los tiempos del pasado.

temer/parecer mentira/estar seguro(a)/
ser ridículo/poder ser/no haber duda

1. Los jóvenes no toman en serio los problemas del mundo.

_____

_____

2. La mayoría de los ancianos no esparan mucho de los jóvenes.

_____

_____

3. Hoy día no hay respeto en la sociedad.

_____

_____

4. La vida de la gente está llena de conflictos.

_____

_____

5. Es muy difícil encontrar personas que sean verdaderamente felices.

_____

_____

IV. Completa las siguientes frases de una manera original.

A. Cuando era más joven...

1. Cuando no hacía buen tiempo mis padres sugerían que yo...

_____

_____

2. Mi mejor amigo y yo veíamos la televisión después de que mis padres...

_____

_____

3. No había nadie que...

_____

_____

4. Por mucho que mis amigos y yo riñiéramos (*quarreled)* nosotros siempre...

_____

_____

5. Cuando mis amigos no salían bien en los exámenes era evidente que ellos...

_____

_____

B. Ahora, en nuestra adolescencia...

1. Es sorprendente que más jóvenes no...

_____

_____

2. Muchos profesores piensan que todos los jóvenes actúan como si...

_____

_____

3. Papá, si tú tuvieras más tiempo durante el día, tú...

_____

_____

© Pearson Education, Inc.

4. Nuestros padres nos dan más libertad a condición de que nosotros...

_____

_____

5. Mis compañeros de clase prometieron leer un libro cada vez que ellos...

_____

_____

V. Lee brevemente cada uno de los párrafos a continuación. Luego, complétalos con la forma correcta de los verbos entre paréntesis. Tienes que escoger entre los tiempos del pasado de indicativo (imperfecto o pretérito) y los tiempos del pasado de subjuntivo (imperfecto o pluscuamperfecto). En una frase vas a necesitar el condicional perfecto.

A. El dueño de una compañía compró un nuevo programa para las computadoras.

El dueño andaba buscando una persona que _____ (poder) hacer todo el trabajo que se necesitaba hacer en la computadora. Era posible que aquel nuevo programa que habían comprado _____ (traer) nuevos desafíos (*challenges*) para la compañía. Muchos de los clientes esperaban que el trabajo _____ (seguir) como antes y por esta razón querían que no _____ (haber) nada que lo _____ (impedir). Sin que nadie _____ (saber) cómo usar el nuevo programa, el director decidió instalarlo porque estaba seguro de que aquel programa _____ (ser) fantástico. Él dijo que cuando los empleados _____ (sentirse) cómodos usándolo, se iban a dar cuenta de que antes _____ (perder-ellos) mucho tiempo. Pero en ese momento era importante encontrar una persona que los _____ (ayudar).

B. Enrique les cuenta a sus amigos lo que sucedió un día muy extraño.

Aquella tarde ocurrió algo inesperado. Lo interesante fue que todo _____ (suceder) sin que nadie _____ (darse) cuenta de lo extraño de los acontecimientos. De repente, como si alguien _____ (decidir) cambiar la calma que reinaba en el parque, _____ (comenzar) a llover sin parar, el cielo se nubló y el ruido intenso de los truenos ahuyentaba (*frighten away*) a los animales que algunos momentos antes _____ (disfrutar) del placentero día de primavera. Arturo, que momentos antes había llegado al parque para que su familia _____ (disfrutar) del buen tiempo, tuvo un mal presentimiento. En todos los años que había vivido en aquel pueblo, nada similar _____ (suceder). Si _____ (tener-yo) una cámara _____ (sacar-yo) fotos de los pájaros que uno por uno _____ (caer) de los árboles como hojas en otoño.

© Pearson Education, Inc.

VI. Lee las siguientes frases, luego escoge la forma verbal que complete las frases correctamente.

1. Ayer me dijo que él mismo me...

   a. acompañe   b. acompañaría   c. acompañara

2. Por mucho que tú... a Gerardo, él hará lo que ya ha decidido.

   a. aconsejes   b. aconsejas   c. aconsejarás

3. Era necesario que nosotros... la bandera.

   a. saludamos   b. saludáramos   c. habíamos saludado

4. Los profesores nos exigen que... todos los museos.

   a. hemos visitado   b. visitamos   c. visitemos

5. Ignacio nos prestó el coche a condición que nosotros... la gasolina.

   a. pagáramos   b. pagamos   c. hubiéramos pagado

6. Si me aumentan el sueldo esta semana, yo... más dinero en el banco.

   a. pondré   b. pondría   c. hubiera puesto

7. Sergio salía con nosotros cada vez que... al Café Barcelona.

   a. iríamos   b. habíamos ido   c. íbamos

8. ¿Hay algún televisor que... un control remoto?

   a. tendrá   b. tuviera   c. tenga

9. Es justo que ellos les... todas las pelotas de tenis.

   a. devolvieron   b. devuelvan   c. devolverán

10. Todos los perros empiezan a ladrar en cuanto ellos me... entrar.

   a. ven   b. vean   c. verán

11. Teníamos miedo de que él no... a tiempo.

   a. venía   b. viniera   c. habría venido

12. Le rogué a Cecilia que me... la ropa que olvidé en el patio.

   a. trajera   b. traerá   c. trajeron

© Pearson Education, Inc.

13. Me sorprendería si tú no lo...

    a. ayudaste   **b.** ayudabas   **c.** ayudaras

14. Fue evidente que el jurado no... toda la evidencia del caso.

    a. considerara   **b.** consideró   **c.** hubiera considerado

15. No te preocupes por mí; haz lo que tú...

    a. hubieras querido   **b.** quieras   **c.** quisieras

16. Yo llevaré el pasaporte en caso de que me lo...

    a. piden   **b.** pidan   **c.** pidieran

17. El presidente vino a la ciudad sin que su presencia... muchas dificultades para la policía.

    a. causará   **b.** causara   **c.** causaría

18. Me regaló una maleta para que yo... todos los regalos.

    a. ponía   **b.** puse   **c.** pusiera

19. Nos gustaba ir a esquiar a menos que no... lo suficiente.

    a. nevaría   **b.** nevaba   **c.** nevara

20. Será indispensable que todos nosotros... lo mismo.

    a. digamos   **b.** diremos   **c.** decimos

Etapa 6

La narración y la descripción más detallada en el pasado (II)

Examen

I I I I I I I I I I I I I

I. Lee las siguientes frases. Luego, completa el comentario que alguien hace con la forma correcta del **condicional**.

1. El testigo le mintió al juez.

—Yo _____ (decir) la verdad.

2. No pudieron comprar el coche.

—El coche _____ (valer) demasiado.

3. Ellos tuvieron que dejar las plantas en la ciudad.

—Las plantas no _____ (caber) en el coche.

4. Uds. se perdieron varias veces antes de llegar a mi casa.

—Uds. no _____ (saber) la dirección.

5. Sandra no pudo llegar a tiempo.

—Ella _____ (despertarse) tarde.

6. El invierno pasado, Juan Carlos no pudo subir hasta la cima de la montaña.

—_____ (estar) nevando mucho.

II. Lee las situaciones a continuación. Luego, completa las frases para expresar una hipótesis sobre la situación que se describe. Usa **el imperfecto de subjuntivo** en la primera parte y **el condicional** en la segunda parte de la frase.

1. Quiero bailar con Gisela. No sé bailar.

Si yo _____ (saber) bailar, yo _____ (bailar) con Gisela.

2. No tenemos mucho dinero. Gastamos mucho.

Si nosotros no _____ (gastar) tanto dinero, nosotros _____ (tener) mucho dinero.

3. Siempre pierdes el pasaporte. Andas muy distraído.

Si tú no _____ (andar) tan distraído, no _____ (perder) el pasaporte.

4. No puedo sacar fotos. No traigo la cámara.

Si yo _____ (traer) la cámara, yo _____ (poder) sacar fotos.

5. No podemos comer paella. No encontramos el restaurante.

Si Uds. _____ (encontrar) el restaurante, Uds. _____ (comer) paella.

6. Yolanda no tiene tiempo para visitar a sus abuelos. Ellos se ponen contentos cuando ella los visita.

Si Yolanda _____ (visitar) a sus abuelos, ellos _____ (ponerse) contentos.

III. Completa las siguientes frases sobre un viaje que hicieron Ernesto y sus amigos con la forma correcta del verbo entre paréntesis. Usa **el imperfecto de subjuntivo**.

1. Nos pidió que _____ (nosotros-ir) en el coche de mi padre para que _____ (nosotros-caber) todos.

2. Mi madre nos preparó bocadillos en caso de que no _____ (tener) tiempo de parar para cenar.

3. Dudábamos que _____ (haber) mucho tránsito.

4. Tuvimos que parar en una estación de gasolina para que nos _____ (decir-ellos) si íbamos por el camino correcto.

5. Allí dejamos que los perros _____ (andar) un poco pues estaban cansados de estar en el coche todo el día.

IV. Completa las siguientes frases con la forma correcta del verbo entre paréntesis. Usa **el pluscuamperfecto de subjuntivo**.

1. Tomás me dijo que él _____ (ir) a visitarme pero no sabía que yo estaba en el hospital.

2. Nos sorprendió que _____ (venir) tanta gente a la boda de Rodolfo.

3. El acusado negó que _____ (haber) otras personas involucradas en el crimen.

4. Era una lástima que ellos no nos _____ (incluir) en sus reuniones.

5. Actúas como si tú ya _____ (ganar) el premio.

6. Me sorprendió que ellos les _____ (mentir) a sus padres.

V. Completa las frases siguientes con la forma correcta del **pluscuamperfecto de subjuntivo** en la primera parte y **el condicional perfecto** en la segunda parte de la frase.

1. Si tú me _____ (dar) el dinero, yo te _____ (comprar) el libro.

2. Si ellos _____ (lavar) el coche, ellos no _____ (sentirse) tan avergonzados (*ashamed*).

3. Si nosotros no _____ (entrar) en la casa cuando empezó a llover, nosotros _____ (mojarse).

4. Si yo _____ (estudiar), yo no _____ (salir) tan mal en el examen.

5. Si Ud. _____ (ver) la película, Ud. también _____ (llorar).

6. Si tú _____ (llegar) a tiempo, _____ (conocer) al embajador de Chile.

© Pearson Education, Inc.

Paso 1

Nouns and articles

I. Escribe **el artículo definido** que corresponda a los siguientes sustantivos o expresiones.

1. _____ virtudes

2. _____ Canarias

3. _____ ángel

4. _____ costumbre

5. _____ foto

6. _____ Caribe

7. _____ dificultades

8. _____ veinte por ciento

9. _____ serie

10. _____ personaje

11. _____ héroe

12. _____ alma

II. Escribe **el plural** de los siguientes sustantivos. Escribe también **el artículo definido** correspondiente.

1. lunes ___ _____

2. parte ___ _____

3. abrelatas ___ _____

4. voz ___ _____

5. ley ___ _____

6. raíz ___ _____

7. mano ___ _____

8. refrán ___ _____

9. sistema ___ _____

10. tesis ___ _____

III. Escribe **la forma femenina** de los siguientes sustantivos. Usa **el artículo indefinido** correspondiente.

1. cantante ___ _____

2. actor ___ _____

3. rey ___ _____

4. gallo ___ _____

5. poeta ___ _____

IV. Completa las siguientes situaciones con una palabra de la lista a continuación. Recuerda que debes usar **el artículo definido** correspondiente, según el contexto de la selección.

papa/guía/editorial/capital/cometas/orden/cura

A. Hay muchos científicos que están trabajando para encontrar _____ de muchas enfermedades. Uno de los problemas que enfrentan es que como no reciben mucho dinero del gobierno, no tienen _____ que les permita continuar con las investigaciones.

B. En _____ del periódico de esta mañana la señora Valenzuela discute los problemas que tienen los campesinos que cultivan _____ en la región de los Andes. El gobierno creó una nueva ley. Ahora los campesinos esperan que el Ministro de Agricultura dé _____ para aumentar el presupuesto.

C. En el Museo de Historia Natural, _____ nos mostró una película sobre _____ que han aparecido en el cielo en los últimos tres años. Era obvio que él había estado haciendo este trabajo por mucho tiempo pues estaba muy bien informado.

V. Completa las siguientes selecciones con la forma correcta del **artículo definido** o **indefinido** según el contexto. Si no hace falta un artículo escribe **una X**. En algunos casos vas a necesitar usar una contracción.

A. ____ Jiménez trabajan muy duro durante el año, por eso cuando tienen ____ oportunidad salen de vacaciones con toda ____ familia. Hace ____ meses decidieron ir a ____ isla en ____ Caribe, en particular a Puerto Rico. Allí vivían ____ tíos a los que no habían visitado por mucho tiempo. Jesús, ____ hijo mayor, decidió invitar a su mejor amigo. ____ único problema era que Claude no hablaba ____ español. Después de ____ días, Jesús se cansó de tener que traducir todo lo que le decían sus tíos ____ inglés. Después de ____ cierto tiempo en Puerto Rico, Claude empezó a sentirse más cómodo y en ____ conversación comenzó a decir varias palabras en español. En ____ calle leía ____ anuncios y se sentía muy a gusto.

B. Claude nunca ha olvidado ____ viaje que hicimos a Vieques donde conoció a Marisa. Ella era ____ guía de turismo. A él le gustó mucho y espera visitarla en ____ viaje que piensa hacer pronto. Esta experiencia lo entusiasmó con estudiar español ____ vez que regresó a los Estados Unidos. Ahora me encuentro con él todos ____ lunes para practicar ____ poco y para ayudarle a escribir largas cartas a Marisa.

© Pearson Education, Inc.

Paso 2

Subject pronouns and prepositional pronouns

Examen

| | | | | | | | | | | |

I. ¿Qué pronombre usarías en lugar de los sujetos subrayados? En el espacio a la derecha, escribe **el pronombre** correspondiente.

1. El señor Juárez no ha llegado todavía. _____

2. ¿Por qué están tan preocupados sus colegas? _____

3. Es obvio que usted y yo no estamos de acuerdo. _____

4. Tú y Celeste no llegaron a tiempo. _____

5. Ángela y Carolina van a bailar esta noche. _____

II. Contesta a las siguientes preguntas en español usando las palabras entre paréntesis en las respuestas.

1. Hay alguien debajo de la mesa, ¿quién es? (*I*)

_____

2. Necesito ayuda con los preparativos, ¿quiénes van a ayudar? (*we*)

_____

3. Todo salió muy bien, ¿quiénes prepararon la cena? (*they feminine*)

_____

4. Ya terminó la competencia, ¿quién es el ganador? (*you familiar*)

_____

III. Responde a las siguientes preguntas sustituyendo la información entre paréntesis por **un pronombre**.

Modelo: ¿Con quién vas? (Alfonso)

Voy con él.

1. ¿Para quién es esa revista? (Luisa y Celia)

_____

2. ¿Alrededor de quiénes se sentaron los invitados? (Juan y yo)

_____

3. ¿Delante de quién se sienta Jaime? (tú)

_____

4. ¿Se lo diste a Gisela? (Francisco)

_____

IV. Completa las siguientes frases con **un pronombre** según el contexto.

1. Juan está leyendo siempre. A _____ le gustan las novelas policíacas.

2. Mis padres necesitaban una lavadora. Yo compré una para _____.

3. ¡Marta! ¡Juan!... Apúrense, si no voy a salir sin _____.

4. Celeste y Alberto siempre pelean, por eso yo me senté entre _____ y _____.

5. Fernando, tú no eres muy discreto, no tengo confianza en _____.

6. No te comas ese pastel. Mamá me lo regaló. Es para _____.

7. Señora Contreras, Ud. no ha dicho mucho. Según _____ no sucedió nada anoche.

8. —¿Vienes conmigo?

—Sí, voy _____.

9. A _____ no nos gusta levantarnos tarde.

© Pearson Education, Inc.

Paso 3

Object pronouns

I. Lee las preguntas a continuación y luego completa las respuestas con **un mandato**. Usa todos los pronombres posibles en las respuestas.

1. —¿Le presto el libro a Genaro?

—No, no _____ a él.

2. —¿Le doy los uniformes a los miembros del equipo?

—Sí, _____ a ellos.

3. —¿Dónde nos ponemos los trajes de baño?

—_____ (Uds.) en el cuarto de baño.

4. —¿Me quito las sandalias antes de entrar en el agua?

—Sí, _____ antes de entrar en el agua.

5. —¿Te pongo la crema bronceadora en la espalda?

—No, no _____ a mí.

6. —¿Les traigo el radio ahora?

—No, no _____ a nosotros ahora.

II. Lee el siguiente diálogo para tener una idea del contexto. Luego, complétalo con la forma apropiada del **pronombre complemento directo** o **indirecto**.

—¿Has visto a Fernando hoy?

—Sí, _____ acabo de ver en la cafetería.

—Hace tres días que _____ prestamos dinero a él y todavía no _____ _____ ha devuelto a nosotros.

—Me sorprende que no _____ haya pagado a Uds. Generalmente es un chico muy cumplido.

—Es que últimamente a él _____ gusta apostar su dinero en las carreras de caballos y nunca tiene un centavo.

—¿Quién _____ dijo eso a ti?

—Su prima. ____ ____ pregunté a ella y aunque con un poco de vergüenza ____ ____ dijo todo a mí.

—Quizás si ____ hablamos a él, decida hablar con el consejero de la escuela.

III. Expresa en español la información que aparece en inglés.

1. Como no pudimos encontrar las maletas en el aeropuerto, _____

_____

(*they brought them to us at the hotel*)

2. Elena le leía un libro a su hijo. Yo traté de hablar con ella pero _____

_____

(*she continued reading it to him*)

3. Mariana, no hay manera de que yo pueda hacer estos ejercicios. Por favor, _____

_____

_____

(*explain them to me*)

4. Lo siento, César. No te puedo dar la computadora. Roberto tiene que escribir un informe y

_____

_____

(*I am going to give it to him*)

Paso 4

Relative pronouns

I. Combina las frases siguientes con **un pronombre relativo** para formar una nueva frase.

1. Sergio está leyendo el periódico. El periódico se publicó en España.

_____

2. Me encontré con muchos chicos. Los chicos se entrenaban para los Juegos Panamericanos.

_____

3. Ésa es la tienda. El dueño la quiere cerrar.

_____

4. Les daré unas camisetas. Las camisetas son para los que terminen primero.

_____

5. Estás haciendo mucho ruido. Me molesta.

_____

6. Allí está el autor. Conozco su obra muy bien.

_____

7. Me contaste un chisme malicioso. Es mentira.

_____

8. Me regalaron una bicicleta. Puedo ir a la escuela en bicicleta.

_____

9. Te voy a dar una explicación muy detallada. Durante la explicación debes tomar apuntes.

_____

10. Habíamos sembrado muchas plantas en el jardín. Las plantas fueron destruidas por la tormenta.

_____

11. Hay mucha gente en el salón de baile. La gente no quiere bailar.

_____

12. Han salido al mercado varios coches. Los coches gastan mucha gasolina.

_____

II. Sustituye las frases subrayadas por **un pronombre relativo**.

1. Los niños que crucen la calle serán castigados.

_____

2. La estudiante que devuelva el libro a tiempo, no pagará la multa _(fine)_.

_____

3. El regalo que me traigas, lo guardaré hasta el día de mi cumpleaños.

_____

III. Escoge la palabra o palabras que completen mejor las frases siguientes según el contexto.

1. Este mes... nos paguen, iremos de compras.

   a. que   **b.** cuando   **c.** lo que

2. No sabíamos que allí estaba la puerta por... salían los artistas.

   a. donde   **b.** cual   **c.** las cuales

3. ...te dije sobre María es verdad.

   a. El que   **b.** La que   **c.** Lo que

4. ¿Ya encontraron los documentos... necesitaban para la investigación?

   a. que   **b.** los que   **c.** las cuales

5. Lavamos los pantalones con... vamos a la fiesta mañana.

   a. lo que   **b.** que   **c.** los cuales

6. Es una situación... ya no tiene solución.

   a. la cual   **b.** la que   **c.** que

7. Por favor, dígame... he hecho yo para enojarlo tanto.

   a. lo que   **b.** lo cual   **c.** que

8. Los parientes de Josefa,... venían a pasar unos días con ella, decidieron cancelar su viaje.

   a. quienes   **b.** los cuales   **c.** quien

9. En junio,... me gradúe, voy a visitar a mis abuelos en Chile.

    a. donde   **b.** cuando   **c.** el cual

10. La escalera por... subimos estaba muy vieja.

    a. la cual   **b.** que   **c.** cual

11. ¿Por qué no nos reunimos... estacionaste el coche?

    a. que   **b.** donde   **c.** la que

12. Sin ningún problema, llegamos a la estación... nos esperaba Tina.

    a. donde   **b.** que   **c.** quien

13. Ésa es la novela... personajes son personas que verdaderamente han existido.

    a. cuya   **b.** cuyas   **c.** cuyos

14. Ésa es la actriz de ... han escrito varios artículos escandalosos.

    a. la que   **b.** quien   **c.** que

15. Esos profesores,... han publicado muchos libros, son muy famosos.

    a. quienes   **b.** los que   **c.** el que

16. Santiago llegará a las siete,... nos permitirá empezar la reunión temprano.

    a. el que   **b.** quien   **c.** lo cual

17. Ésa es la isla... clima garantiza a los turistas buen tiempo todo el año.

    a. cuyos   **b.** cuya   **c.** cuyo

18. Ellos han anunciado muchas actividades interesantes,... significa que nos vamos a divertir.

    a. el que   **b.** lo cual   **c.** que

19. ...dices es verdad.

    a. Lo cual   **b.** Lo que   **c.** La que

20. Las hermanas de Gregorio,... viven en La Paz, van a mudarse el año próximo.

    a. cuales   **b.** los que   **c.** quienes

Paso 5

Interrogatives and exclamations

¦ ¦ ¦ ¦ ¦ ¦ ¦ ¦ ¦ ¦ ¦ ¦

I. Escribe **el interrogativo** correspondiente según la información subrayada.

1. —¿ _____ de los libros prefieren Uds.?

   —Preferimos <u>los que están allí</u>.

2. —¿ _____ vas al teatro?

   —Voy <u>con mis compañeros de clase</u>.

3. —¿ _____ vale esa videocasetera?

   —Vale <u>doscientos dólares</u>.

4. —¿ _____ hizo esos comentarios?

   —Los hizo <u>Guillermo</u>.

5. —¿ _____ van ellos con tanta prisa?

   —Van <u>a la clase de química</u>.

6. —¿ _____ banderas hay en el balcón?

   —Hay <u>quince</u>.

7. —¿ _____ llevan Uds. en esas cajas?

   —Unos <u>discos compactos</u>.

8. —¿ _____ canta ese grupo?

   —Canta <u>muy bien</u>.

II. Cambia las siguientes preguntas a frases. Las frases deben ser **preguntas indirectas** que expresen la misma idea que la pregunta.

1. ¿Qué es eso?

   _____

2. ¿Cuándo sale el tren?

   _____

3. ¿Por qué estás llorando?

   _____

III. Lee las frases a continuación. Usa la información entre paréntesis para expresar una exclamación apropiada en español.

1. La grabadora es muy barata. Sólo cuesta treinta dólares. (*how cheap it is*)

_____

2. Peso casi doscientas libras. (*how much he weighs*)

_____

3. En el décimo grado tenemos tareas en todas las clases. (*how much work they have*)

_____

4. Hoy viene Diego. Hace tres meses que no lo veo. (*how happy I am*)

_____

IV. Lee las siguientes frases y luego escribe una pregunta lógica <u>para obtener más información</u>. Usa diferentes **palabras interrogativas** para cada una de tus preguntas.

1. Encontré esta cartera en el patio.

_____

2. Ella vive en otro barrio ahora.

_____

3. Estoy escribiendo tarjetas desde esta mañana.

_____

4. No conozco a esos chicos que juegan en la calle.

_____

5. Hace tres días que tenía que terminar de leer esta obra de teatro pero no lo he podido hacer.

_____

Paso 6

Numbers

I. Todos los meses la revista española *Entre estudiantes* publica información sobre la demanda que existe en España para estudiantes titulados (*graduated*). Completa los siguientes párrafos usando letras en lugar de números.

TITULADOS	% DE ESTUDIANTES	MES ANTERIOR	ESTE MES
Universitarios	33	64	68
Formación profesional	24	33	30
Otras	43	3	2
TOTAL	**100**	**100**	**100**

Según la información este mes hay una demanda de un _____ (68) por ciento de estudiantes universitarios, en comparación con un _____ (64) por ciento el mes anterior.

El _____ (33) por ciento de los estudiantes titulados son universitarios, el _____ (24) por ciento tiene formación profesional y el _____ (43) por ciento tiene otras formaciones.

CONOCIMIENTOS DE IDIOMAS	UNIVERSITARIOS	NO UNIVERSITARIOS
Inglés técnico	1,34	0,78
Inglés hablado y escrito	26	11,12
No solicitan	59	61

El _____ (26) por ciento de los puestos requiere conocimiento de inglés hablado y escrito. El _____ (59) por ciento de los estudiantes universitarios y el _____ (61) por ciento de los estudiantes no universitarios no necesitan hablar un idioma extranjero.

II. Los siguientes son precios para viajes entre Madrid y diferentes países de las Américas. Escribe en letras los números. Recuerda que el precio aparece en pesetas.

> *Cancún* .... *88.400 ptas.*
> *México, D.F.* .... *97.700 ptas.*
> *Montreal* .... *111.200 ptas.*
> *Buenos Aires* .... *163.800 ptas.*
> *Río de Janeiro y Stgo. de Chile* .... *250.100 ptas.*

Cancún _____

_____

México, D.F. _____

_____

Montreal _____

_____

Buenos Aires _____

_____

Río de Janeiro y Stgo. de Chile _____

_____

III. Completa las siguientes frases con el número entre paréntesis.

1. Ya leímos hasta el capítulo _____ (21).

2. En esas cajas hay _____ (51) botellas.

3. Asistieron _____ (500) mujeres a ese congreso.

4. Ya pronto se termina el siglo _____ (20).

5. Si cuentas todas las sillas, verás que son _____ (100).

6. Esa familia se ganó más de _____ (1.000.000) de dólares.

7. Había más de _____ (40) hombres trabajando en la finca.

IV. Completa las siguientes situaciones con la forma apropiada de **los números ordinales** correspondientes a los números entre paréntesis.

A. Nunca he estado en este estadio. Vamos a sentarnos en la _____ (1) fila para ver

mejor. ¿Quién es ese chico? El _____ (3) que entró por esa puerta.

B. El _____ (1) día de cada mes vamos al lago. Allí practicamos el ciclismo. Nuestra

escuela participará en los _____ (10) Juegos Estudiantiles. El año pasado nuestro

equipo quedó en _____ (3) lugar. El equipo de la escuela de Eduardo quedó en

_____ (8) lugar.

C. Ya estamos en el _____ (5) capítulo del libro. Ayer empecé a repasar y en la

_____ (6) página me di cuenta de que ésa era la _____ (4) vez que la

profesora nos pedía que leyéramos esa novela. No tenemos mucho tiempo para

practicar. Hoy es el _____ (1) de febrero y la competencia es el mes próximo.

Paso 7

Indefinite and negative words

I. Cambia las siguientes frases a la forma **negativa**. Trata de usar <u>todas las palabras negativas posibles</u> en cada frase.

1. Ya he comprado todo.

_____

2. Puedes visitar o el museo o la galería de arte.

_____

3. ¿Siempre gritas de esa manera?

_____

4. Alguien me ha dicho algo sobre esa película.

_____

5. Busco algún libro sobre la historia de España.

_____

II. Responde a las siguientes preguntas de una manera **negativa**. Trata de usar <u>todas las palabras negativas posibles</u>.

1. ¿Fuiste a Tenochtitlan también?

_____

2. ¿Entiendes algo de lo que dice el profesor?

_____

3. ¿Alguna persona llegó a tiempo a la clase?

_____

4. ¿Dice alguien algo interesante en la clase de vez en cuando?

_____

5. ¿Tiene alguien algún problema?

_____

III. Completa las frases siguientes con **pero**, **sino** o **sino que** según el contexto.

1. No compraron las rosas _____ las azaleas.

2. No he visto esa película _____ dicen que es muy buena.

3. Ella no dijo que nevaba _____ había un sol radiante.

4. Ya te he dicho que no pongas los libros en la mesa _____ en aquel estante.

5. No es que yo sea cobarde _____ me dan mucho miedo las películas de horror.

6. Horacio sólo pasó unas horas en el centro comercial _____ pudo comprar todos los regalos que buscaba.

7. Rosaura no le escribió una carta a Mateo cuando estaba enfadada _____ trató de explicarle sus acciones.

8. Siempre dice que no deje a Carmencita sola _____ la traiga a la biblioteca.

9. El profesor pidió el informe para el lunes _____ se lo di el viernes.

10. No vengas a recogerme por la tarde _____ por la noche.

© Pearson Education, Inc.

Paso 8

Gustar and verbs like *gustar*

Examen
| | | | | | | | | | | | |

I. Combina las palabras y frases para escribir frases completas. Usa el sujeto entre paréntesis como guía y haz los cambios que sean necesarios.

1. (Tú) hacer falta/tres informes de laboratorio

_____

2. (Nosotros) convenir/caminar o correr todos los días

_____

3. (Yo) parecer/unos chicos fenomenales

_____

4. (Ella) tocar/escribir las respuestas en la pizarra

_____

5. (Uds.) apetecer/la comida vasca

_____

II. Completa las frases con una de las palabras de la lista a continuación. Usa cada verbo solamente una vez. Hay más verbos de los que necesitas. Recuerda que debes usar el pronombre correspondiente.

fastidiar/agradar/faltar/doler/convenir/sobrar/molestar

1. A Rebeca _____ tres estampillas para completar la colección.

2. A mis padres _____ salir de compras juntos. Así pueden hablar sobre lo que sucede en sus oficinas.

3. ¿Qué _____, Rosa? ¿Por qué sigues tomando aspirinas?

4. No sé qué ha pasado: _____ tres piezas (*pieces*) de este rompecabezas (*puzzle*) y ya lo he terminado.

5. Apaga la radio, ya sabes que a mí _____ ese tipo de música.

III. Lee las siguientes preguntas, luego escribe una respuesta lógica usando los verbos entre paréntesis.

1. ¿Quieres ir a la piscina con nosotros? (agradar)

_____

2. Esos chicos están muy pálidos. ¿Están enfermos? (parecer)

_____

3. ¿Es importante decirle a tu profesor(a) lo que pasó ayer? (no importar)

_____

4. ¿Cuál de los estudiantes tiene que limpiar los escritorios? (tocar)

_____

5. Esta noche voy a preparar quesadillas. ¿Vienen Uds. a cenar conmigo? (apetecer)

_____

IV. Usa los verbos siguientes para expresar los intereses o para dar información sobre las siguientes personas. Usa cinco verbos diferentes.

aburrir/agradar/sorprender/faltar/quedar/encantar

1. A mí...

_____

_____

2. A mi profesor(a)...

_____

_____

3. A los policías...

_____

_____

4. A Teresa y a mí...

_____

_____

5. A ti...

_____

_____

Paso 9

Adverbs

I. Escribe **el adverbio** de los siguientes adjetivos.

1. desgraciado _____

2. silencioso _____

3. cariñoso _____

4. amable _____

5. normal _____

II. Cambia cada frase usando uno de los adverbios de la lista a continuación. El significado de la frase que escribas tiene que tener el mismo significado de la frase original. Hay más adverbios de los que necesitas en la lista.

apenas/de buena gana/acaso/en seguida/de nuevo

1. Cuando llamo a Andrés él viene inmediatamente.

_____

2. Siempre hace lo que le pido con mucho gusto.

_____

3. Julio tiene que hacer todo otra vez.

_____

III. Cambia los siguientes adjetivos a adverbios y completa las frases de una manera lógica. Puedes usar los adverbios más de una vez.

cariño/total/tranquilo/cómodo/absoluto/
constante/romántico/cuidadoso/nervioso/apasionado

1. Siempre me habla _____ y _____ .

2. Entramos en el cuarto _____ y _____ .

3. Salió a la calle _____ desorientado.

4. Dormimos en el bosque (*forest*) _____ y _____ .

5. Durante el discurso yo bostezaba (*yawned*) _____ .

IV. Cambia las frases adverbiales a adverbios de una palabra.

1. Le habló <u>con sinceridad</u>.

_____

2. Me visitaba <u>con frecuencia</u>.

_____

3. Explicó los ejercicios <u>con paciencia</u>.

_____

4. Discutíamos los temas <u>con inteligencia</u>.

_____

V. Responde en español a las siguientes frases usando la información entre paréntesis.

1. ¿Cómo salió de la escuela Antonio? (*in a hurry*)

_____

2. ¿Vas al teatro? (*often*)

_____

3. ¿Llegó a tiempo el tren? (*with delay*)

_____

4. ¿Fue Antonio a la escuela? (*unwillingly*)

_____

5. ¿Tienes dinero? (*enough)*

_____

6. ¿Se fueron los señores Montoya? (*already*)

_____

VI. Expresa las siguientes frases en español.

1. *The more he studies, the less problems he has.*

_____

2. *The more they yell (*gritar), *the less we talk.*

_____

Paso 10

Por / Para

Examen

I I I I I I I I I I I I

I. Completa el párrafo siguiente con **por** o **para** según el contexto.

    A. Habíamos salido _____ el campo bastante temprano. _____ las carreteras había un
sinnúmero de coches que no sabíamos _____ dónde iban. Le habíamos dicho a Jorge que
llegaríamos _____ el próximo día. Después de conducir _____ más de tres horas, tuvimos
que parar en una gasolinera _____ echarles aire a las llantas (*tires*). El señor que nos
atendió estaba _____ darnos el cambio cuando se dio cuenta de que las llantas parecían
estar ponchadas (*flat*). Trató de arreglarlas (*fix them*) _____ más de una hora y al final
tuvimos que cambiar el coche _____ otro mejor. _____ una compañía que alquila coches
tan caros no parecen mantenerlos en muy buenas condiciones.

    B. María Elena estaba _____ regresar a casa. Estaba segura que sus padres la castigarían
(*would punish*) _____ llegar tarde. Nuestro coche fue recogido _____ nuestra compañía de
seguros. Mañana tengo que llamar _____ ver si saben cuándo estará listo pues salgo _____
Cancún en dos días.

II. Traduce las palabras entre paréntesis.

    1. Yo habré terminado _____ (*by*) mañana por la mañana.

    2. _____ (*For such*) una persona tan organizada, pierdes demasiado tiempo.

    3. La señora enferma me preguntó si yo podría hablar _____ (*instead of*) ella.

    4. Pasé por su casa _____ (*in order to*) recoger el informe.

    5. Ellos siempre estaban _____ (*in favor of*) darles la oportunidad de votar a
todos los ciudadanos.

    6. Salió a caminar _____ (*along*) la playa porque no podía aguantar el calor.

    7. ¿Por qué no damos un paseo _____ (*through*) el centro comercial?

    8. Aquí tienes una mochila _____ (*for*) tus libros.

    9. Como no tuve tiempo, el documento fue traducido _____ (*by*) Miguel.

    10. _____ (*Because of*) haber llegado tarde, no conseguimos entradas.

The Answer Key
for the Tests for
ABRIENDO PASO:
GRAMÁTICA

Unidad 1

La narración y la descripción en el pasado (I)

Examen

I.

A. salí, escuché, supe, Salí, bajé, abrí, estaba, Fue, estuve (estaba), quise, llegué, estaba, empecé

B. conocimos, dijo, había nacido, había venido, logró (ha logrado), llegó, sabía, tuvo (tenía)

C. Eran, había, caminaban, habían ido, gustaba, animó, eran, era, creaban, se encontraron, estaba, se miraron, Sabían, habían visto, se dieron, era, había hecho

D. viniste, Tuve, se descompuso, conduje, buscó, dijimos, había pasado, mintió, dijo, habías tenido, se tranquilizó, íbamos, se quedó, Anduvimos, pasó, llevó, quedaba, habíamos tenido, fue, fue, cabíamos (cupimos), nos subimos, encontramos, paró, pidió, nos dimos, venía, huyó, tuvimos, supimos, buscaba, se dedicaba, supo, se sintió

II. Answers will vary

1. ...hemos estudiado duro.

2. ...han trabajado mucho en sus tareas.

3. ...he agregado una hora más a mi tiempo de estudio.

III. Answers will vary

1. ...había llamado a una amiga para que pasara por mí.

2. ...habían instalado las luces para el baile.

3. ...habíamos preparado los bocadillos y comprado los refrescos.

IV. Answers will vary

A. Al principio se vio un paisaje urbano en el que destacaba el Golden Gate de San Francisco. Llovía en esa tarde de invierno que estaba próxima a anochecer. Ahí en una solitaria banca de un parque se vio por primera vez a la protagonista. Estaba llorando. Daba la impresión de estar pasando por un muy mal momento.

B. Ella acababa de recibir la noticia de que tenía cáncer y que le quedaba poco tiempo de vida. Esa noche regresó a su casa y sus hijos adolescentes estaban, como siempre, discutiendo. Su esposo llegó muy cansado de su trabajo y ni siquiera le preguntó cómo le había ido con el médico.

C. Después de mucho sufrir, la protagonista decidió divorciarse de su esposo para ahorrarle el dolor del final. Una véz sola, ella se recuperó y encontró una nueva vida al retomar su vocación de pintora.

D. La película se trató del efecto devastador que una enfermedad inesperada puede tener en una familia. La actriz principal tuvo una actuación muy convincente. La historia realmente conmovió al público.

Etapa 1

La narración y la descripción en el pasado (I)

Examen—Sección A

I.

A. llegué, me di, puse, había regalado, murió, empecé, había dejado, busqué, decidí, apagué, me acosté, recordé, había quitado, me había bañado

B. huyeron, vinieron, se quedaron, empezaron, pudieron, permaneció, produjo, contribuyeron

C. fuimos, anduvimos, empezó, nos pusimos, comenzamos, hizo, cupimos, tuvimos, leyeron, se divirtieron, pude

D. mintió, dijo, había roto, supe, había estado, vi, hizo, fue, sonrió, se fue, me encontré, tuve, vio, salió, quise, decidí, pidió

Examen—Sección B

II.

1. asistía
2. iba
3. éramos
4. dabas, venían
5. veía
6. íbamos, divertíamos
7. se quedaban, buscaban

III.

1. he tenido
2. han cubierto
3. hemos visto
4. se ha repetido
5. ha hecho
6. ha encontrado

IV.

1. había descrito, había dicho
2. se había reído
3. habían sido
4. habíamos oído
5. había podido

Unidad 2

La descripción de nuestros alrededores: diferencias y semejanzas

Examen

I.

1. Úbeda no es una ciudad grande.
2. Susana es una mujer única.
3. Alberto es un viejo amigo.
4. Julio es un pobre hombre.
5. Son hechos ciertos.
6. Es la misma actriz.

II. Answers will vary

1. La escuela privada es más cara que la escuela pública.
2. La televisión es menos interesante que el cine.
3. Una casa en el campo es más tranquila que un apartamento en la ciudad.
4. Para mí las ciencias son más emocionantes que los deportes.
5. La música clásica es tan buena como la música rock.

III. Answers will vary

El costo:

El viaje a Valencia cuesta menos que el viaje a Valencia y Peñíscola.

Días que duran:

El viaje a Benidorm dura más días que el viaje a Benicarló.

Número de ciudades que se visitan:

En el viaje a Valencia y Peñíscola se visitan más ciudades que en el viaje a Valencia.

Noches que duran:

El viaje a Benicarló dura menos noches que el viaje a Valencia y Peñíscola.

IV. Answers will vary

Me gustaría vivir en la ciudad de Miami. Me gusta mucho esa ciudad porque está junto al mar y allí hace más calor que donde vivo. También me gusta porque la gente es más simpática que aquí, y allí hay gente de muchos países que habla español. Así podría practicar el español, ir a la playa y practicar deportes acuáticos.

V. Answers will vary

Voy a dirigir una película de aventuras. Para una de las escenas tengo que recrear el ambiente árido y solitario del desierto del Sahara. Para eso necesito camellos y muchos actores disfrazados de beduinos.

VI. Answers will vary

Tengo un anillo que me regalaron mis padres cuando cumplí quince años. Éste fue un momento especial para mí porque mis padres por fin se dieron cuenta de que no era ya una niña. Mi libro de autógrafos es importante para mí porque guarda los pensamientos de mis amigos. Mis amigas atesoran los discos compactos de una banda de música tex-mex, ellos son su grupo musical favorito.

VII. Answers will vary

El mes pasado leí "Romeo y Julieta" y "Ana de Green Gables". El primero es del siglo XVII y el segundo de principios de este siglo. Uno se trata de la rivalidad entre dos familias y el otro de la vida de una joven huérfana. Uno es una historia de amor y el otro una narración del género biográfico.

Etapa 2

La descripción de nuestros alrededores: diferencias y semejanzas

Examen

I. Answers will vary

1. **Un oso** es grande, feroz, fuerte.
2. **Los cuadros de Picasso** son abstractos, modernos, caros, interesantes, extraños.
3. **Las actividades sociales de mi escuela** son divertidas, buenas, novedosas, maravillosas.
4. **Una bomba atómica** no es necesaria; es destructora y peligrosa.

II. Answers will vary

1. Lo importante es llegar a tiempo.
2. Lo malo es que tendré que salir a la calle.
3. Lo interesante de la novela es el final.

III. Answers will vary

1. Los elefantes son menos inteligentes que los monos.
2. Los delfines son más listos que las ballenas.
3. El teatro es más emocionante que el cine.
4. Esquiar es tan difícil como jugar baloncesto.
5. Ir al doctor es tan malo como ir al dentista.

IV. Answers will vary

Éste, Esa, estas, aquellas, aquel, aquellos, ésos, Ésas, eso, ésta, este

V. Answers will vary

1. ¡Ese muchacho es el más inteligente del mundo!
2. ¡Ése es el cuadro más caro de todos!
3. ¡Esa señora es la más generosa del país!
4. ¡Ese juego es el más complicado de todos!

VI. Answers will vary

1. Un cuarto en el Hotel Prado cuesta tanto como uno en el Hotel Quintero.
2. Yo vi tantas películas como Felicia.
3. Fernando estudia más que Susana.
4. Los Sánchez tienen menos coches que los Torres.
5. Esos trabajadores tenían que trabajar más horas que aquéllos.

VII. Answers will vary

1. nuestras, su
2. míos, mis
3. mío, su
4. mi, la mía, la suya
5. los suyos
6. tu, el mío, el suyo
7. sus, sus

VIII.

1. la misma mujer
2. una casa vieja
3. el único maestro
4. diferentes programas

Unidad 3

La narración y la descripción en el presente

Examen

I. Answers will vary

¡Hola! Me llamo Lorraine y tengo 17 años. Soy alta y delgada y tengo el pelo y los ojos oscuros. Soy cariñosa y simpática y me gustan mucho los deportes. Me gusta la compañía de gente que le guste leer y quisiera recibir correspondencia de jóvenes de cualquier país.

II. Answers will vary

1. ...me visto bien y me arreglo el pelo.
2. ...se preocupan y se quedan conmigo.
3. ...doy consejos y juego con ellos.
4. ...te quedas en la casa y ves la televisión.
5. ...sale y se arregla las uñas.

III. Answers will vary

Querido Joe:

Estoy pasándolo muy bien en Puerto Rico. Por ejemplo, por la mañana voy a la playa. A la hora del almuerzo un trío toca frente a nuestra mesa. Por la tarde salgo con la familia de compras. Todos los días a la hora de la cena vamos a un lugar que tiene una vista espectacular del Viejo San Juan y por la noche visitamos las discotecas. Todo es precioso.
¡Te extraño mucho!
Un abrazo,

María

IV. Answers will vary

estás, están, Estoy, es, es, Es, es, está, está, es, es, son, es, es, está, está, Es, eres, es, Es, Es, son, Es, Es, soy, Estás, estoy, es, Es, Son

Etapa 3

La narración y la descripción en el presente

Examen

I.

A. quepo, pones, va, Es, traigo, necesito, Tienes, sé, conduzco, puedas

B. comienza, Piensas, podemos, hay, estamos, haces, me despierto, me desayuno, almuerzo, bebo, es, tienes, sé, digo, hago, debo, practicas, dices

C. Vienes, resuelvo, voy, llueve, me demoro, comenzamos, cuesta, sé, pides, vuelven, Me visto, cierras, podemos

D. obedezco, sigo, me gradúo, confían, voy, dan, reconozco, incluyo, hablo, espían, influye, elijo, salgo, convenzo, va, agradezco, tienen, prefieren

E. oigo, pienso, recuerdo, cuentan, quieren, son, entienden, son, repiten, demuestran, duermen, se sienten, nos encontramos, charlamos, jugamos, nos reímos, me entretengo, visito, oigo, me doy, distraen, me despido, siento, sé, continúan, seguimos, perdemos, aprendemos

II.

quedarte, me acuesto, se enoja, me levanto, se enoja, me quedo, reírnos, nos parecemos, se burla, se casan, se enfadan, se arrepiente, te acuerdas

III.

1. sigue huyendo
2. están riéndose
3. llegan pidiendo
4. salió peinándose
5. andas diciendo
6. continúo acostándome

Unidad 4
Cómo expresar deseos y obligaciones

Examen

I. Answers will vary
Siga derecho. Tome el ascensor al segundo piso. Al salir doble a la derecha y continúe hasta el fondo de ese pasillo... etc.

II. Answers will vary
1. Llama a la policía.
2. Pídele dinero prestado a un amigo.
3. Ve al doctor.
4. Habla con el consejero.
5. Llámala por teléfono.

III. Answers will vary
Un buen estudiante tiene que hacer sus tareas siempre; Debe estudiar un poco todos los días; Es necesario participar en clase.

IV. Answers will vary
1. ...te organices mejor y tomes más tiempo para hacerlas.
2. ...deje de fumar.
3. ...busques otros amigos.
4. ...dejemos que ladre.
5. ...trate de ir un rato a su casa.
6. ...haga sus tareas antes de hablar por teléfono.
7. ...los terminemos para mañana.
8. ...dejen de comer tanto.

V.
A. pase, te encuentres, nos encontramos, va, esperas, vamos, lleguemos, estés, podemos, llegues, me pierda
B. averigües, empiece, hay, me comunique, se ocupa, preguntes, trae, hay, vayan, se queden, quieren, van, se pasen, podemos

Etapa 4
Cómo expresar deseos y obligaciones

Examen

I.
1. cambies
2. Sal
3. corras
4. hagas
5. vayas
6. Ponte
7. Haz

II.
1. Saque
2. se olvide
3. Piensen
4. sea
5. Venga
6. Siéntense
7. muevan

III.
1. Sentémonos
2. Acostémonos
3. Vamos
4. pongamos
5. Tengamos

IV.
A. entregue, se enteren, tengamos, pueda, traduzcamos, pensemos
B. llegues, ande, deje, prohíban, hagas, influyan, pida, sepan
C. mande, sean, visites, dé, acompañes, podamos, estés, escojamos
D. quepan, se caigan, rompamos, conduzca, empieces, sirvamos, se sienten, encuentre, recuerde

Unidad 5

La narración y la descripción en el futuro: cómo expresar emoción duda, negación, probabilidad o conjetura

Examen—Sección A

I.

1. ¿No sabrás que es peligroso?
2. Tendrá dolor de muelas.
3. ¿Podré pagar todas mis cuentas?
4. El cuadro valdrá mucho.
5. Habrán salido ya.

II. Answers will vary

Yo pienso estudiar ingeniería en la universidad.

Mi mejor amigo espera poder ir a Disney World este verano.

Algunos de mis compañeros quieren ser jugadores profesionales de fútbol.

III. Answers will vary

1. ...habré terminado mi trabajo de investigación para la clase de historia.
2. ...habrán regresado de su viaje por Europa.
3. ... nos habremos entrenado suficiente para ganar el campeonato de fútbol.

IV. Answers will vary

1. Puedes caminar a la escuela con tal de que llegues a tiempo a tus clases.
2. Trata de no llegar a casa después de las once de modo que no despiertes a la familia.
3. Siempre lleva contigo tu identificación en caso de que la necesites.
4. Siempre trata de llegar a casa antes de que sea de noche.

V. Answers will vary

1. ...no venga a la escuela por tantos días.
2. ...sepa usarla.
3. ...vayas a verlas.
4. ...demos una fiesta.
5. ...sabe lo que hace.

VI. Answers will vary

1. ...oscurezca.
2. ...resuelva los problemas.
3. ...esté interesado en comprarlo?
4. ...no están conformes.
5. ...los trabajadores de la basura hacen una huelga.
6. ...tenga tiempo.

Examen—Sección B

VII.

A. dejamos, pueda, se entere, dejamos, entre, haya, es, pueda, necesite, trae, haya, tomar, nos sintamos

B. limpies, ensucia, limpio, venga, estén, necesite, sea, estoy

C. muestren, tienen, proteste, aparezcan, es, haya, sea, siga

D. recete, causen, te sientas, te mejores, disfrutes, va, decidas, pruebes, puedes, nos encontremos, frecuentan, digan, se queje

VIII.

A. está, llueva, sepa, considero, me esfuerce, hable, quiera, atiende, haga, me quede, encontremos, vayamos, conozco

B. lleguen, sean, tenemos, tengamos, hayamos, vea, haya, considero, se siente, es, se olviden, salvar

Etapa 5

La narración y la descripción en el futuro: cómo expresar emoción, duda, negación, probabilidad o conjetura

Examen

I.

A. se celebrará, será, expondrá, podrá, traerá, habrá, tendrá, vendrán, querrán, valdrán

B. cabrán, dirá, pondré, sabré, saldremos, ayudarán, trabajarán, hará, Irás, esperaré

II.

habrán tenido, habrán hecho, habrás tenido, nos habremos equivocado, habrá visto

Unidad 6

La narración y la descripción más detallada en el pasado (III)

Examen—Sección A

I. Answers will vary

1. **Si nosotros** tuviéramos que cuidar cinco perros, compraríamos mucha comida.
2. **Si mi padre** me pidiera que cortara la hierba, lo haría por la mañana.
3. **Si mi mejor amigo** se quedara a dormir en mi cuarto, yo dormiría en el salón.
4. **Si mi profesor(a)** se cayera, me acercaría a ayudarlo(la).
5. **Si a mis padres** se les quedara el regalo en el avión, comprarían otro al llegar.

II. Answers will vary

1. ...tuviéramos que caminar mucho.
2. ...encontrara mi equipaje.
3. ...saliéramos para la playa.
4. ...pudiera dormir.
5. ...hubiera vivido allí siempre.

III. Answers will vary

1. Parecía mentira que los jóvenes no tomaran en serio los problemas del mundo.
2. Era ridículo pensar que la mayoría de los ancianos no esperaran mucho de los jóvenes.
3. Estaba seguro de que había más respeto en la sociedad.
4. No había duda de que la vida de la gente estaba llena de conflictos.
5. Podía ser que fuera difícil encontrar a personas que fueran verdaderamente felices.

IV. Answers will vary

A.

1. ...leyera un libro.
2. ...se iban (fueran) al trabajo.
3. ...nos dijera lo que debíamos hacer.
4. ...jugábamos juntos.
5. ...se preocupaban mucho.

B.

1. ...vayan a la universidad.
2. ...no fueran responsables.
3. ...leerías más.
4. ...les mostremos que somos responsables.
5. ...tuvieran (tenían) unos días libres.

V.

A. pudiera, trajera, siguiera, hubiera, impidiera, supiera, era, se sintieran, perdían, ayudara

B. sucedió, se diera, hubiera decidido, comenzó, disfrutaban (habían disfrutado), disfrutara, había sucedido, hubiera tenido, habría sacado, caían (cayeron, habían caído)

Examen—Sección B

VI.

1. (b) acompañaría
2. (a) aconsejes
3. (b) saludáramos
4. (c) visitemos
5. (a) pagáramos
6. (a) pondré
7. (c) íbamos
8. (c) tenga
9. (b) devuelvan
10. (a) ven
11. (b) viniera
12. (a) trajera
13. (c) ayudaras
14. (b) consideró
15. (b) quieras
16. (b) pidan
17. (b) causara
18. (c) pusiera
19. (c) nevara
20. (a) digamos

Etapa 6

La narración y la descripción más detallada en el pasado (III)

Examen

I.

1. diría
2. valdría
3. cabrían
4. sabrían
5. se despertaría
6. Estaría

II. Answers will vary

1. supiera, bailaría
2. gastáramos, tendríamos
3. anduvieras, perderías
4. trajera, podría
5. encontraran, comerían
6. visitara, se pondrían

III.

1. fuéramos, cupiéramos
2. tuviéramos
3. hubiera
4. dijeran
5. anduvieran

IV.

1. hubiera ido
2. hubiera venido
3. hubiera habido
4. hubieran incluido
5. hubieras ganado
6. hubieran mentido

V.

1. hubieras dado, habría comprado
2. hubieran lavado, se habrían sentido
3. hubiéramos entrado, nos habríamos mojado
4. hubiera estudiado, habría salido
5. hubiera visto, habría llorado
6. hubieras llegado, habrías conocido

Paso 1

Nouns and articles

Examen

I.
1. las
2. las
3. el
4. la
5. la
6. el
7. las
8. el
9. la
10. el
11. el
12. el

II.
1. los lunes
2. las partes
3. los abrelatas
4. las voces
5. las leyes
6. las raíces
7. las manos
8. los refranes
9. los sistemas
10. las tesis

III.
1. una cantante
2. una actriz
3. una reina
4. una gallina
5. una poetisa

IV.
A. la cura, el capital
B. el editorial, la papa, la orden
C. el guía, los cometas

V.
A. Los, una, la, unos, una, el, unos, el, El, X, unos, al, X, una, la, los
B. el, una, un, una, los, un

Paso 2

Subject pronouns and prepositional pronouns

Examen

I.
1. Él
2. ellos
3. nosotros(as)
4. Ustedes [Vosotros(as)]
5. Ellas

II.
1. Soy yo. (Yo estoy debajo de la mesa.)
2. Nosotros vamos a ayudar.
3. Ellas prepararon la cena.
4. Tú eres el ganador.

III.
1. Es para ellas.
2. Se sentaron alrededor de nosotros.
3. Se sienta delante de ti.
4. No, se lo di a él.

IV.
1. él
2. ellos
3. ustedes
4. ella y él
5. ti
6. mí
7. usted
8. contigo
9. nosotros

Paso 3

Object pronouns

Examen

I.
1. se lo prestes
2. dáselos
3. pónganselos
4. quítatelas
5. me la pongas
6. nos lo traigas

II.
lo, le, nos, lo, les, le, te, Se, lo, me, lo, le

III.
1. ...nos las trajeron al hotel.
2. ...ella continuó leyéndoselo (se lo continuó leyendo).
3. ...explícamelos.
4. ...se la voy a dar a él (voy a dársela a él).

Paso 4
Relative pronouns

I. Answers will vary

1. Sergio está leyendo el periódico que se publicó en España.

2. Encontré a muchos chicos que se entrenaban para los Juegos Panamericanos.

3. Ésa es la tienda que el dueño quiere cerrar.

4. Les daré unas camisetas a los que terminen primero.

5. Estás haciendo mucho ruido, lo cual me molesta.

6. Allí está el autor cuya obra conozco muy bien.

7. Me contaste un chisme malicioso que es mentira.

8. Me regalaron una bicicleta en la cual puedo ir a la escuela.

9. Te voy a dar una explicación durante la cual debes tomar apuntes.

10. Habíamos sembrado muchas plantas que fueron destruidas por la tormenta.

11. Hay mucha gente en el salón de baile que no quiere bailar.

12. Han salido al mercado varios coches que gastan mucha gasolina.

II.

1. Los que crucen la calle serán castigados.

2. La que devuelva el libro a tiempo no pagará la multa.

3. Lo que me traigas lo guardaré hasta el dia de mi cumpleaños.

III.

1. (b) cuando
2. (a) donde
3. (c) Lo que
4. (a) que
5. (c) los cuales
6. (c) que
7. (a) lo que
8. (a) quienes
9. (b) cuando
10. (b) la cual
11. (b) donde
12. (a) donde
13. (c) cuyos
14. (b) quien
15. (a) quienes
16. (c) lo cual
17. (c) cuyo
18. (b) lo cual
19. (b) Lo que
20. (c) quienes

Paso 5

Interrogatives and exclamations

I.

1. Cuáles
2. Con quién
3. Cuánto
4. Quién
5. Adónde
6. Cuántas
7. Qué
8. Cómo

II. Answers will vary

1. Me interesa saber qué es eso.
2. Quiero saber cuándo sale el tren.
3. Dime por qué estás llorando.

III. Answers will vary

1. ¡Qué barata!
2. ¡Cuánto pesas!
3. ¡Cuánto trabajo!
4. ¡Qué contento estoy!

IV. Answers will vary

1. ¿De quién es?
2. ¿Dónde vive?
3. ¿A quiénes (les) escribes?
4. ¿Quiénes son?
5. ¿Por qué no has podido leerla?

Paso 6

Numbers

Examen

I.

sesenta y ocho, sesenta y cuatro, treinta y tres, veinticuatro, cuarenta y tres, veintiséis, cincuenta y nueve, sesenta y uno

II.

ochenta y ocho mil cuatrocientas pesetas

noventa y siete mil setecientas pesetas

ciento once mil doscientas pesetas

ciento sesenta y tres mil ochocientas pesetas

doscientas cincuenta mil cien pesetas

III.

1. veintiuno
2. cincuenta y una
3. quinientas
4. veinte
5. cien
6. un millón
7. cuarenta

IV.

A. primera, tercero
B. primer, Décimos, tercer, octavo
C. quinto, sexta, cuarta, primero

Paso 7

Indefinite and negative words

Examen

I. Answers will vary

1. No he comprado nada de lo que me pediste.
2. No puedes visitar ni el museo ni la galería de arte.
3. ¿Nunca gritas de esa manera?
4. Nadie me ha dicho nada sobre esa película.
5. No busco ningún libro sobre la historia de España.

II. Answers will vary

1. No, nunca fui a Tenochtitlán tampoco.
2. No, no entiendo nada de lo que dice el profesor.
3. No, nadie llegó a tiempo a la clase.
4. No, nadie nunca dice nada interesante en la clase.
5. No, nadie tiene ningún problema.

III.

1. sino
2. pero
3. sino que
4. sino
5. sino que
6. pero
7. pero
8. sino que
9. pero
10. sino

Paso 8

Gustar and verbs like *gustar*

Examen

I.

1. Te hacen falta tres informes de laboratorio.
2. Nos conviene caminar o correr todos los días.
3. Me parecen unos chicos fenomenales.
4. Le toca (a ella) escribir las respuestas en la pizarra.
5. Les apetece la comida vasca.

II.

1. le faltan
2. les agrada
3. te duele
4. me sobran
5. me molesta (me fastidia)

III. Answers will vary

1. Sí, me agrada ir a la piscina.
2. Me parece que estos chicos están enfermos.
3. A ella no le importa lo que sucedió.
4. Le toca a Rubén.
5. Sí, nos apetece comer quesadillas.

IV. Answers will vary

1. ...me encanta ir al cine.
2. ...le aburre corregir exámenes.
3. ...les agrada la gente respetuosa.
4. ...nos quedan dos libros por leer.
5. ...te sorprende que hayamos terminado la tarea

Paso 9

Adverbs

Examen

I.
1. desgraciadamente
2. silenciosamente
3. cariñosamente
4. amablemente
5. normalmente

II.
1. Cuando llamo a Andrés él viene en seguida.
2. Siempre hace lo que le pido de buena gana.
3. Julio tiene que hacer todo de nuevo.

III. Answers will vary
1. cariñosa, apasionadamente
2. cuidadosa, nerviosamente
3. absolutamente
4. tranquila, cómodamente
5. constantemente

IV.
1. Le habló sinceramente.
2. Me visitaba frecuentemente.
3. Explicó los ejercicios pacientemente.
4. Discutíamos los temas inteligentemente.

V.
1. Salió de prisa.
2. Sí, voy a menudo.
3. No, llegó con retraso.
4. Sí, contra su voluntad.
5. Sí, pero no suficiente.
6. Sí, ya se fueron.

VI.
1. Cuanto más estudia, menos problemas tiene.
2. Cuanto más gritan, menos hablamos.

Paso 10

Por / Para

Examen

I.
A. para, Por, para, para, por, para, por, por, por, Para
B. por, por, por, para, para

II.
1. para
2. Para
3. por
4. para
5. por
6. por
7. por
8. para
9. por
10. Por

The Scoring Guide
for the Tests for
ABRIENDO PASO:
GRAMÁTICA

Unidad 1

I. 72 items × 1 each		72
II. 3 items × 1 each		3
III. 3 items × 1 each		3
IV. 11 items × 2 each		22
Total points		100

Etapa 1

I. 50 items × 1.25 each		62.5
II. 10 items × 1.25 each		12.5
III. 6 items × 2 each		12
IV. 6 items × 2 each		12

1 point for correct use and position of the reflexive pronouns

Total points		100

Unidad 2

I. 6 items × 2 each		12
II. 5 items × 4 each		20
III. 4 items × 3 each		12
IV. total possible points		14
V. total possible points		14
VI. total possible points		14
VII. total possible points		14
Total points		100

Etapa 2

I. 4 items × 3 each		12
II. 3 items × 2 each		6
III. 4 items × 3 each		12
IV. 11 items × 1.25 each		13.75
V. 4 items × 3 each		12
VI. 5 items × 3.5 each		17.5
VII. 15 items × 1.25 each		18.75
VIII. 4 items × 2 each		8
Total points		100

Unidad 3

I. total possible points		30
II. 5 items × 3 each		15
III. total possible points		25
IV. 30 items × 1 each		30
Total points		100

Etapa 3

I. 87 items × 0.75 each		65.25
II. 13 items × 1.5 each		19.50
III. 6 items × 2.25 each		13.50

1.75 point for correct use and position of the reflexive pronouns

Total points		100

Unidad 4

I. total possible points		15
II. 5 items × 2 each		10
III. 6 items × 2 each		12
IV. 8 items × 3 each		24
V. 26 items × 1.5 each		39
Total points		100

Etapa 4

I. 7 items × 2 each		14
II. 7 items × 2 each		14
III. 5 items × 2 each		10
IV. 31 items × 2 each		62
Total points		100

Unidad 5

I. 5 items × 0.75 each	3.75
II. 3 items × 2 each	6
III. 3 items × 2 each	6
IV. 4 items × 3 each	12
V. 5 items × 2 each	10
VI. 6 items × 2 each	12
VII. 67 items × 0.75 each	50.25
Total points	100

Etapa 5

I. 20 items × 1 each	20
II. 5 items × 1 each	5
Total points	25

Unidad 6

I. 5 items × 3 each	15
II. 5 items × 2 each	10
III. 5 items × 4 each	20
IV. 10 items × 2.5 each	25
V. 20 items × 1 each	20
VI. 20 items × 1 each	10
Total points	100

Etapa 6

I. 6 items × 2.25 each	13.5
II. 12 items × 2.25 each	27
III. 6 items × 2.25 each	13.5
IV. 6 items × 2.25 each	13.5
V. 12 items × 2.25 each	27

2 points for correct use and position of the reflexive pronouns

3.5 points for accents

Total points	100

Pasos

Paso 1

I. 12 items × 0.25 each	3
II. 10 items × 0.5 each	5
III. 5 items × 0.5 each	2.5
IV. 7 items × 0.5 each	3.5
V. 22 items × 0.5 each	11
Total points	25

Paso 2

I. 5 items × 1 each	5
II. 4 items × 1.5 each	6
III. 4 items × 1 each	4
IV. 10 items × 1 each	10
Total points	25

Paso 3

I. 6 items × 1.25 each	7.5
II. 12 items × .75 each	9
III. 4 items × 2 each	8
.5 points for accents in section I	
Total points	25

Paso 4

I. 12 items × 1 each	12
II. 3 items × 1 each	3
III. 20 items × 0.5 each	10
Total points	25

Paso 5

I. 8 items × 1 each	8
II. 3 items × 1 each	3
III. 4 items × 1 each	4
IV. 5 items × 2 each	10
Total points	25

Paso 6

I. 8 items × 0.5 each	4
II. 5 items × 1.5 each	7.5
III. 7 items × 0.5 each	3.5
IV. 10 items × 1 each	10
Total points	25

Paso 7

I. 5 items × 1.5 each	7.5
II. 5 items × 1.5 each	7.5
III. 10 items × 1 each	10
Total points	25

Paso 8

I. 5 items × 1 each	5
II. 5 items × 1 each	5
III. 5 items × 1.5 each	7.5
IV. 5 items × 1.5 each	7.5
Total points	25

Paso 9

I. 5 items × 0.5 each	2.5
II. 3 items × 0.5 each	1.5
III. 8 items × 0.5 each	4
IV. 4 items × 1 each	4
V. 6 items × 1.5 each	9
VI. 2 items × 2 each	4
Total points	25

Paso 10

I. 15 items × 1 each	15
II. 10 items × 1 each	10
Total points	25

The Tapescript for
Sin rodeos... Sections of
ABRIENDO PASO: GRAMÁTICA

José M. Díaz

Unidad 1
La narración y la descripción en el pasado

Sin rodeos...

You will now listen to a series of questions about your school life. You will hear each question twice. You will have 20 seconds to respond as fully as possible. Listen to the first question...

Número 1. En la escuela primaria, ¿cómo eran tus profesores?
Descríbelos detalladamente.
En la escuela primaria, ¿cómo eran tus profesores?
Descríbelos detalladamente.

Número 2. ¿Cómo fue tu primer día en esta clase?
¿Cómo fue tu primer día en esta clase?

Número 3. ¿Cuál fue tu clase favorita el año pasado? ¿Por qué?
¿Cuál fue tu clase favorita el año pasado? ¿Por qué?

Número 4. ¿Qué te ha enojado mucho últimamente en la escuela? Explica por qué.
¿Qué te ha enojado mucho últimamente en la escuela? Explica por qué.

Número 5. ¿Cuál fue la nota más baja que recibiste el año pasado?
Explica por qué fue tan baja.
¿Cuál fue la nota más baja que recibiste el año pasado?
Explica por qué fue tan baja.

You will now listen to a series of questions about your pastimes and what you do or used to do to enjoy yourself. You will hear each question twice. You will have 20 seconds to respond as fully as possible. Listen to the first question...

Número 1. Cuando eras más joven, ¿qué hacías cuando estabas aburrido o aburrida?
Cuando eras más joven, ¿qué hacías cuando estabas aburrido o aburrida?

Número 2. Describe detalladamente cómo eran las fiestas cuando eras más joven.
Describe detalladamente cómo eran las fiestas cuando eras más joven.

Número 3. ¿Quién era tu cantante favorito cuando eras más joven? Explica por qué te gustaba.
¿Quién era tu cantante favorito cuando eras más joven? Explica por qué te gustaba.

Número 4. Explica detalladamente lo que hiciste el fin de semana pasado.
Explica detalladamente lo que hiciste el fin de semana pasado.

Número 5. Explica detalladamente tus últimas vacaciones: el lugar, con quién fuiste, qué hiciste, etc.
Explica detalladamente tus últimas vacaciones: el lugar, con quién fuiste, qué hiciste, etc.

Unidad 2

La descripción de nuestros alrededores: diferencias y semejanzas

Sin rodeos...

You will now listen to a series of questions in which you are asked to describe certain things or people in your school. You will hear each question twice. You will have 20 seconds to respond as fully as possible. Listen to the first question...

Número 1. Describe detalladamente a la persona que consideras tu mejor amigo o amiga en la escuela.

Describe detalladamente a la persona que consideras tu mejor amigo o amiga en la escuela.

Número 2. ¿Cuál es la mejor clase que tienes este semestre? ¿Por qué?

¿Cuál es la mejor clase que tienes este semestre? ¿Por qué?

Número 3. Si tus padres te dicen que tienes que escoger entre esta escuela y otra, ¿cuál escoges? Por qué?

Si tus padres te dicen que tienes que escoger entre esta escuela y otra, ¿cuál escoges? Por qué?

Número 4. ¿Te gustan los cursos que tienes este año o los que tomabas cuando eras más joven? ¿Por qué?

¿Te gustan los cursos que tienes este año o los que tomabas cuando eras más joven? ¿Por qué?

Número 5. Describe al maestro o maestra ideal.

Describe al maestro o maestra ideal.

You will now listen to a series of questions in which you are asked to express your ideas about certain topics. You will hear each question twice. You will have 20 seconds to respond as fully as possible. Listen to the first question...

Número 1. Describe tu casa o apartamento con todo detalle posible.

Describe tu casa o apartamento con todo detalle posible.

Número 2. Explica por qué te gustan o no los deportes.

Explica por qué te gustan o no los deportes.

Número 3. Explícale a un amigo o amiga lo que consideras lo más aburrido para ti.

Explícale a un amigo o amiga lo que consideras lo más aburrido para ti.

Número 4. Describe el pueblo o ciudad ideal en que te gustaría vivir.

Describe el pueblo o ciudad ideal en que te gustaría vivir.

Número 5. Si te piden que describas el gobierno de los Estados Unidos, ¿qué dirías?

Si te piden que describas el gobierno de los Estados Unidos, ¿qué dirías?

Unidad 3
La narración y la descripción en el presente

Sin rodeos...

You will now listen to a series of questions about the pastimes or activities in which you and your friends participate. You will hear each question twice. You will have 20 seconds to respond as fully as possible. Listen to the first question...

Número 1. Explícale a un amigo o amiga lo que tú haces cuando estás aburrido o aburrida.

Explícale a un amigo o amiga lo que tú haces cuando estás aburrido o aburrida.

Número 2. Describe el lugar ideal para reunirte con tus compañeros.

Describe el lugar ideal para reunirte con tus compañeros.

Número 3. Un amigo del extranjero viene a visitarte. Dile todas las actividades que Uds. pueden hacer juntos.

Un amigo del extranjero viene a visitarte. Dile todas las actividades que Uds. pueden hacer juntos.

Número 4. ¿Qué haces en tu casa para ayudar a tus padres?

¿Qué haces en tu casa para ayudar a tus padres?

Número 5. Recomiéndale a un amigo o amiga las actividades que son buenas para mantener un buen estado físico.

Recomiéndale a un amigo o amiga las actividades que son buenas para mantener un buen estado físico.

You will now listen to a series of questions in which you are asked to express your ideas about different topics. You will hear each question twice. You will have 20 seconds to respond as fully as possible. Listen to the first question...

Número 1. Explica por qué te gusta o no te gusta esta escuela.

Explica por qué te gusta o no te gusta esta escuela.

Número 2. Describe detalladamente tu clase favorita.

Describe detalladamente tu clase favorita.

Número 3. En tu opinión, ¿cuál es la profesión ideal? ¿Por qué?

En tu opinión, ¿cuál es la profesión ideal? ¿Por qué?

Número 4. ¿Por qué es una buena idea ahorrar dinero?

¿Por qué es una buena idea ahorrar dinero?

Número 5. Explica las ventajas o las desventajas de vivir solo o sola.

Explica las ventajas o las desventajas de vivir solo o sola.

Número 6. ¿Por qué no es aconsejable decir mentiras?

¿Por qué no es aconsejable decir mentiras?

Número 7. ¿Deben todos los jóvenes recibir una educación universitaria? ¿Por qué?

¿Deben todos los jóvenes recibir una educación universitaria? ¿Por qué?

Número 8. Hoy día, ¿necesitan los jóvenes más disciplina o menos? Explica por qué.

Hoy día, ¿necesitan los jóvenes más disciplina o menos? Explica por qué.

Unidad 4
Cómo expresar deseos y obligaciones

Sin rodeos...
| | | | | | | | | | | |

You will now listen to a series of questions in which you are asked to give advice or opinions regarding school life. You will hear each question twice. You will have 20 seconds to respond as fully as possible. Listen to the first question...

Número 1. Algunos compañeros te están molestando mientras estudias, ¿qué les dices a ellos?

Algunos compañeros te están molestando mientras estudias, ¿qué les dices a ellos?

Número 2. Convence a un amigo o amiga de que no debe copiar la tarea de otros estudiantes.

Convence a un amigo o amiga de que no debe copiar la tarea de otros estudiantes.

Número 3. Imagina que tú eres profesor o profesora, ¿qué les pides a los estudiantes que hagan?

Imagina que tú eres profesor o profesora, ¿qué les pides a los estudiantes que hagan?

Número 4. ¿Qué es necesario que tú hagas para sacar buenas notas?

¿Qué es necesario que tú hagas para sacar buenas notas?

Número 5. ¿Qué te exigen tus profesores que hagas?

¿Qué te exigen tus profesores que hagas?

You will now listen to a series of questions in which you are asked to give advice. You will hear each question twice. You will have 20 seconds to respond as fully as possible. Listen to the first question...

Número 1. Convence a un amigo o amiga para que te acompañe a ir de compras este fin de semana.

Convence a un amigo o amiga para que te acompañe a ir de compras este fin de semana.

Número 2. ¿Qué consejos le das a una persona que fuma?

¿Qué consejos le das a una persona que fuma?

Número 3. Tu mejor amiga se viste de una forma muy rara. Pídele que se vista elegantemente para una fiesta elegante.

Tu mejor amiga se viste de una forma muy rara. Pídele que se vista elegantemente para una fiesta elegante.

Número 4. Convence a un amigo o amiga para que no gaste tanto dinero.

Convence a un amigo o amiga para que no gaste tanto dinero.

Número 5. ¿Por qué es necesario que todos tengamos vacaciones?

¿Por qué es necesario que todos tengamos vacaciones?

Unidad 5
La narración y la descripción en el futuro
Cómo expresar emociones, dudas y negación

Sin rodeos...
||||||||||||||

You will now listen to a series of questions in which you are asked to talk about events in the future with regards to your life in school now and later on. You will hear each question twice. You will have 20 seconds to respond as fully as possible. Listen to the first question...

Número 1. ¿Qué harás cuando llegues a tu casa esta tarde?

¿Qué harás cuando llegues a tu casa esta tarde?

Número 2. ¿Cómo será tu vida en la universidad? Explica con todo detalle posible.

¿Cómo será tu vida en la universidad? Explica con todo detalle posible.

Número 3. ¿Qué te sorprende más de los estudiantes de tu escuela?

¿Qué te sorprende más de los estudiantes de tu escuela?

Número 4. ¿Qué harás tan pronto como termines esta clase?

¿Qué harás tan pronto como termines esta clase?

Número 5. ¿Temes que no puedas pagar por tus estudios en la universidad? Explica por qué.

¿Temes que no puedas pagar por tus estudios en la universidad? Explica por qué.

You will now listen to a series of questions in which you are asked to express your opinion about events in the world today and in the future. You will hear each question twice. You will have 20 seconds to respond as fully as possible. Listen to the first question...

Número 1. ¿Cómo serán las ciudades del futuro?

¿Cómo serán las ciudades del futuro?

Número 2. ¿Qué harás con el dinero que has ahorrado hasta ahora?

¿Qué harás con el dinero que has ahorrado hasta ahora?

Número 3. En cuanto puedas mudarte de tu casa, ¿a dónde te mudarás? ¿Por qué?

En cuanto puedas mudarte de tu casa, ¿a dónde te mudarás? ¿Por qué?

Número 4. ¿Dudas que pueda haber paz en el mundo? ¿Por qué?

¿Dudas que pueda haber paz en el mundo? ¿Por qué?

Número 5. ¿Te parece mentira que haya tantos escándalos en nuestra sociedad? Explica.

¿Te parece mentira que haya tantos escándalos en nuestra sociedad? Explica.

Unidad 6
La narración y la descripción más detallada en el pasado

Sin rodeos...
| | | | | | | | | | | | |

You will now listen to a series of questions in which you are asked to discuss different topics. You will hear each question twice. You will have 20 seconds to respond as fully as possible. Listen to the first question...

Número 1. ¿Cómo esperabas que fuera tu vida en la escuela secundaria?

¿Ha sido muy diferente de lo que esperabas?

¿Cómo esperabas que fuera tu vida en la escuela secundaria?

¿Ha sido muy diferente de lo que esperabas?

Número 2. Si pudieras cambiar algún aspecto de la escuela, ¿qué cambiarías? ¿Por qué?

Si pudieras cambiar algún aspecto de la escuela, ¿qué cambiarías? ¿Por qué?

Número 3. A uno de tus amigos o amigas le acaban de decir que tiene que repetir un curso. ¿Qué hubiera podido hacer él o ella para salir bien?

A uno de tus amigos o amigas le acaban de decir que tiene que repetir un curso. ¿Qué hubiera podido hacer él o ella para salir bien?

Número 4. Tu mejor amigo está enfermo y no puede ir a la fiesta más importante del año. ¿Qué le dirías para consolarlo?

Tu mejor amigo está enfermo y no puede ir a la fiesta más importante del año. ¿Qué le dirías para consolarlo?

Número 5. Explica detalladamente por qué fuiste a ver a tu consejero o consejera la última vez.

Explica detalladamente por qué fuiste a ver a tu consejero o consejera la última vez.

Número 6. Imagina que la semana pasada no hiciste la tarea. ¿Qué le hubieras dicho al profesor?

Imagina que la semana pasada no hiciste la tarea. ¿Qué le hubieras dicho al profesor?

You will now listen to a series of questions in which you are asked to discuss different topics. You will hear each question twice. You will have 20 seconds to respond as fully as possible. Listen to the first question...

Número 1. Una amiga fue a la playa y cuando llegó, empezó a llover. ¿Qué debería haber hecho antes de salir?

Una amiga fue a la playa y cuando llegó, empezó a llover. ¿Qué debería haber hecho antes de salir?

Número 2. Si pudieras escoger el lugar ideal para pasar tus vacaciones, ¿qué lugar escogerías? ¿Por qué?

Si pudieras escoger el lugar ideal para pasar tus vacaciones, ¿qué lugar escogerías? ¿Por qué?

Número 3. Un policía te detiene en la carretera porque vas conduciendo a mucha velocidad. ¿Qué le dirías?

Un policía te detiene en la carretera porque vas conduciendo a mucha velocidad. ¿Qué le dirías?

Número 4. Si le quisieras dar una fiesta de sorpresa a un amigo o amiga, ¿qué harías para que él o ella no lo supiera?

Si le quisieras dar una fiesta de sorpresa a un amigo o amiga, ¿qué harías para que él o ella no lo supiera?

Número 5. Si pudieras hacer algo para evitar que hubiera tanto crimen, ¿qué harías? ¿Por qué?

Si pudieras hacer algo para evitar que hubiera tanto crimen, ¿qué harías? ¿Por qué?

Número 6. ¿Qué harías si pudieras ser alcalde o alcaldesa del lugar donde vives?

¿Qué harías si pudieras ser alcalde o alcaldesa del lugar donde vives?

Número 7. Si tuvieras tiempo para ayudar a las personas sin casa, ¿qué harías? ¿Por qué?

Si tuvieras tiempo para ayudar a las personas sin casa, ¿qué harías? ¿Por qué?

Answer Key for the
Text Exercises for
ABRIENDO PASO: GRAMÁTICA

Unidad 1

La narración y la descripción en el pasado (I)

p. 3 Ex. A.   De visita con la familia de Alicia

llegó, recibió, fueron, salieron, encontraron, fue, vino, dijo, dijiste, llamé, pedí, trajiste, traje, pediste, estuvimos, compramos, tuviste, preguntó, fui, terminé, pude, supe, dijo

p. 4 Ex. B.   Expresando cuándo hiciste ciertas actividades

Answers will vary.
Possible answers:
El mes pasado fui de vacaciones; El otro día leí una novela interesante; Ayer les pedí dinero a mis padres.

p. 4 Ex. C.   El año pasado

Answers will vary.
Possible answers:

1. ¿Anduviste por el centro?
   ¿Viste las ofertas en las tiendas?
2. ¿Tuviste pocos exámenes?
   ¿Cómo hiciste para salir bien en todos?
3. ¿Trajiste el almuerzo a la escuela?
   ¿Comiste todo el almuerzo?
4. ¿Estuviste en casa todas las noches?
   ¿Leíste muchos libros?
5. ¿Viniste a la escuela todos los días?
   ¿Llegaste temprano?
6. ¿Dijiste mentiras a tus profesores?
   ¿No estudiaste bastante?
7. ¿Pudiste ir de vacaciones durante el verano?
   ¿Adónde fuiste?

p. 5 Ex. D.   Hablando de lo que pasó en la clase

Answers will vary.
Possible answers:
El profesor explicó un tema nuevo y luego hicimos ejercicios; Martín trajo fotos de sus vacaciones; Leímos un poema muy bonito.

p. 6 Ex. E.   ¿Qué hiciste cuando llegaste a tu casa ayer?

1. (No) Saqué la basura.
2. (No) Abracé a mis padres.
3. (No) Toqué el piano.
4. (No) Conduje al centro.
5. (No) Oí las noticias.
6. (No) Almorcé/Cené solo(a).
7. (No) Traduje la lección de español.
8. (No) Castigué a mi hermano(a).
9. (No) Comencé a estudiar en seguida.
10. (No) Expliqué por qué llegué tarde.

p. 6 Ex. F.   Lo que hizo mi mejor amigo(a)

Answers will vary.
Possible answers:
Ayer mi mejor amiga se despertó temprano y leyó el periódico. Luego comenzó a estudiar y tradujo la lección de español.

p. 7 Ex. G.   Para hacer apuntes en tu diario

Answers will vary.
Possible answers:

1. Cuando salí de mi casa vi a mi vecino regando las plantas y lo saludé.
2. En la escuela, el director nos habló sobre el campeonato de natación y luego fui a mi primera clase.
3. Después de mis clases me reuní con Susana para estudiar para el examen de español.
4. Antes de llegar a mi casa pasé por la casa de mis abuelos para saludarlos y pasamos un rato hablando.
5. Por la noche vi un documental muy interesante. Después estudié por una hora.

p. 7 Ex. H.   Hablando del fin de semana de mis parientes

Answers will vary.
Possible answers:
Por la mañana fuimos de compras al centro comercial. Después almorzamos en el restaurante de la esquina. Más tarde visitamos el museo de arte y por la noche fuimos al cine.

¿Qué compraron en el centro comercial?; ¿Qué comieron en el almuerzo?; ¿Qué obras de arte vieron en el museo?; ¿Qué película vieron?

p. 8 Ex. I.   Esta última semana

Answers will vary.

Possible answers:

Esta última semana fui a la escuela todos los días y estudié mucho para los exámenes. El lunes ayudé a mi hermana con sus tareas de matemática. El martes cociné un pastel, y el miércoles vinieron mis amigos a casa a festejar mi cumpleaños.

p. 10 Ex. A.   Las vacaciones jóvenes de Vilma

era, pasábamos, hacíamos, íbamos, había, teníamos, pescaban, cocinábamos, comíamos, gustaba, crecían, llevaba, ponía, visitábamos, gustaban, tenían, tenía, apreciaba, conocía, ayudaban, invitábamos, estaban, tenían, era, llevaban, era

p. 11 Ex. B.   La descripción de una persona y su casa

se llamaba, era, éramos, vivía, bebía, tenía, era, tenía, olía, sabíamos, servían, servían, trabajaba, fabricaba, era, se llamaba, estaba, manejaba

p. 11 Ex. C.   Imagina que tú conoces al tío Gustav y a su familia muy bien

Answers will vary.

Possible answers:

La esposa del tío Gustav era mayor que él; Ella bebía mucho y tenía tres hijos; Su hija tenía el pelo lacio; Ella era muy simpática; El Lincoln Continental era moderno y espacioso.

p. 12 Ex. D.   La influencia del tiempo

Answers will vary.

Possible answers:

1. Cuando llovía, mis amigos y yo jugábamos al Monopolio.
2. Si hacía mucho sol, nosotros íbamos a la playa.
3. Si hacía mal tiempo, yo miraba la televisión.
4. Cuando nevaba, mis padres esquiaban.
5. Si hacía mucho frío y yo no quería salir afuera, yo alquilaba un video.

p. 12 Ex. E.   Comparando los hábitos de mis padres

Answers will vary.

Possible answers:

1. Antes mis padres miraban televisión los fines de semana, pero ahora tienen muchas actividades sociales.
2. Antes mis padres nos ayudaban con las tareas, pero ahora las hacemos solos.
3. Antes mis padres nunca trabajaban los fines de semana, pero ahora muchas veces van a la oficina los sábados.
4. Antes mis padres nos lavaban la ropa, pero ahora nosotros la lavamos.
5. Antes mis padres no nos dejaban ir a fiestas, pero ahora nos dan permiso.
6. Antes mis padres nunca hacían ejercicio, pero ahora van al gimnasio tres veces por semana.

p. 12 Ex. F.   Describiendo a una persona

Answers will vary.

Possible answers:

Mi maestra favorita de la escuela primaria era la señorita Amanda, de cuarto grado. Ella era pequeña y delgada, con grandes ojos castaños. Era muy trabajadora y nos enseñaba mucho. A todos sus estudiantes les gustaban sus clases.

p. 13 Ex. G.   Haciendo otras descripciones en el pasado

Answers will vary.

Possible answers:

Cuando yo tenía unos ocho años mi vida era muy linda. Después de la escuela, me gustaba ir a jugar a la plaza los días de sol, y los días lluviosos mis padres solían llevarme al cine. Durante las vacaciones mis hermanos y yo íbamos al pueblo de mis abuelos. Cuando me sentía triste, yo salía a pasear por el campo con mi perro y después de un rato me sentía más alegre. Él era mi mejor amigo.

p. 14 Ex. A.   Después de la reunión del club

conociste, conocí, creía, eras, conocía, fue, presentaron, hicieron, dimos, buscábamos, fui, quise (quería), llegué, gritaron, pude, pasó, supe, dijo, echamos

p. 14 Ex. B.   Mis vacaciones

íbamos, podíamos, cumplí, fuimos, tuvimos, Había, vieron, empezó, empezamos, molestó, buscaban, huyeron, pidieron, permitieron (permitió), advirtieron (advirtió), teníamos, dijo, podíamos, estaban, traían

p. 15 Ex. C.   En el pasado

Answers will vary.
Possible answers:
Ayer salí temprano porque hubo (había) una huelga de trenes; A menudo limpiaba mi cuarto porque quería ayudar a mis padres; Anteayer salí a bailar porque necesitaba divertirme.

p. 15 Ex D.   En busca del tesoro perdido

Answers will vary.
Possible answers:
Recuerdo que era de madrugada y hacía mucho frío. Ramiro, Elena y yo estábamos muy entusiasmados. Fuimos en bote hasta la isla y allí buscamos la cueva. En un rincón de la cueva encontramos el tesoro. Llevamos el tesoro al museo de nuestra ciudad.

p. 16 Ex. A.   Celia quiere estar en forma

Has visto, he visto, He ido, has hecho, hemos ido, hemos hecho, Hemos hablado, hemos discutido, has hablado, ha abierto, ha conseguido, hemos pagado

p. 16 Ex. B.   Preparándote para el futuro

Answers will vary.
Possible answers:
1. He pensado en ir a la universidad.
2. Sí, ya he enviado muchas solicitudes a distintas universidades.
3. Sí, me he entrevistado con varias compañías.
4. Sí, he decidido mudarme a la universidad.
5. Sí, los he leído con mucha atención.
6. Sí, hemos hablado mucho de mis planes.

p. 17 Ex. C.   Un programa de intercambio

1. ¿Has estudiado español?
2. ¿Has viajado a un país de habla hispana?
3. ¿Has discutido el programa con tus padres?
4. ¿Has hecho planes para el verano?
5. ¿Has visto la lista de los requisitos?
6. ¿Has ido a todas las reuniones?

p. 18 Ex. D.   La limpieza de la casa de Julieta

1. Mi papá ha barrido el piso y ahora ellos lo ensucian.
2. Mi mamá ha limpiado la bañadera y ahora ellos juegan con sus barquitos en ella.
3. Mi mamá y yo hemos recogido los juguetes y ahora ellos quieren jugar con ellos.
4. Mi hermano ha arreglado la bicicleta y ahora ellos montan en ella.
5. Yo he servido refrescos en el patio y ahora ellos beben en la sala.
6. Mi hermano ha hecho las camas y ahora ellos se acuestan en ellas.

p. 18 Ex. E.   Sucesos recientes

Answers will vary.
Possible answers:
Mi equipo favorito de fútbol ha perdido cinco partidos en el último mes; Hoy he escuchado esa misma canción cinco veces en el radio; Ayer el profesor ha dicho que el examen será difícil.

p. 19 Ex. F.   ¡Qué semana!

Answers will vary.
Possible answers:
1. Mis padres todavía no han cubierto la piscina.
2. Yo todavía no he limpiado mi cuarto.
3. Mis amigos todavía no han terminado el proyecto.
4. Mis padres todavía no han ido al banco.
5. Yo todavía no he escrito las cartas.
6. Mis padres todavía no han leído el diario.
7. Mis padres todavía no han hecho las compras.
8. Mis amigos todavía no han abierto la correspondencia.

p. 20 Ex. A.   ¿Qué había pasado?

1. Mis padres ya habían salido para la oficina cuando yo me desperté.
2. Mi mejor amigo(a) ya había comprado la cinta cuando su novio(a) le regaló otra.

3. Mi amiga ya había conseguido los boletos cuando nosotros llegamos al cine.
4. Uds. ya habían visto a Guillermo cuando nosotros lo vimos.
5. El examen de español ya había terminado cuando ellos entraron en la clase.
6. Yo ya había oído la noticia cuando mi primo llamó.
7. Nosotros ya habíamos leído el libro cuando vimos la película.
8. Ellos ya habían abierto la puerta cuando la gente salió.
9. Esteban ya había hecho la tarea cuando nosotros llamamos.
10. El avión ya había aterrizado cuando mis parientes llegaron al aeropuerto.

p. 20 Ex. B.   Un verano de nuevas experiencias

1. Mi amiga Dolores nunca había visto tantos osos.
2. Yo nunca había escrito un cuento.
3. Juan y Eduardo nunca habían hecho una excursión a los lagos.
4. Yo nunca había traído tantos recuerdos de un viaje.
5. Tú nunca habías leído cinco libros en una semana.
6. Nosotros nunca habíamos descubierto lugares tan interesantes.
7. Antonio nunca había dado clases de natación a niños pequeños.
8. Mis amigos y yo nunca habíamos conocido a chicos de África.

p. 21 Ex. C.   Mejor prevenir
Answers will vary.
Possible answers:
1. Antes del examen ayer yo ya había terminado de estudiar, me había acostado tarde y me había levantado temprano.
2. Antes de pedirles permiso a mis padres para salir con mis amigos yo ya me había arreglado para ir a la fiesta.
3. Antes de acostarme anoche yo ya había tomado una decisión.
4. Antes de llegar a la escuela ayer yo ya había oído la noticia.
5. Antes de ir a la fiesta mis amigos ya habían cenado.
6. Antes de venir a visitarme tú ya habías hablado con Dolores.

7. Antes de invitarme a ir al cine mi novio(a) ya había comprado los boletos.
8. Antes de ir de vacaciones nosotros ya habíamos planeado cuidadosamente el itinerario.

p. 22 Ex. D.   Antes de tiempo
Answers will vary.
Possible answers:
Antes de mudarme, había vivido en Cuba muchos años; Había desconectado la electricidad antes de irme de vacaciones; Antes de ir a la fiesta, nosotros habíamos pedido permiso a nuestros padres; Antes de comprar los billetes, había ido al banco; Había terminado la novela antes de salir; Había terminado mis tareas antes de ir al cine.

p. 23 Ex. A.   ¿Cuánto tiempo hacía que...?
Answers will vary.
Possible answers:
1. Sí, hacía seis meses que no lo visitaba.
   Sí, no lo visitaba desde hacía seis meses.
2. Sí, hacía una semana que buscaba la información para terminarla.
   Sí, buscaba la información para terminarla desde hacía una semana.
3. Sí, hacía varios días que quería hacerlo.
   Sí, quería hacerlo desde hacía varios días.
4. Sí, hacía meses que estudiaba.
   Sí, estudiaba desde hacía meses.
5. Sí, hacía dos semanas que no los abría.
   Sí, no los abría desde hacía dos semanas.

p. 23 Ex. B.   Un concurso de talento artístico
Answers will vary.
Possible answers:
1. ¿Cuánto tiempo hacía que participabas en concursos?
2. ¿Cuánto tiempo hacía que aprendiste a tocar esa canción?
3. ¿Desde cuándo ibas a las clases de canto?
4. ¿Cuánto tiempo hacía que querías ser cantante?
5. ¿Desde cuándo actuabas en obras de teatro?

p. 24 Ex. C.   ¿Cuánto tiempo hace que...?
Answers will vary.
Possible answers:

1. Hace dos semanas que fui a la casa de mis abuelos.
2. Hace dos años que visité a mis parientes.
3. No legué a la clase hace 15 minutos.
4. No, hace mucho tiempo que asistí a la escuela primaria. Hace cuatro años.
5. Hace cuatro meses que viajé a México.
6. No, hace sólo dos días que hablé español con mis amigos.

p. 24 Ex. D.   El nuevo estudiante
Answers will vary.
Possible answers:
1. ¿Cuánto tiempo hace que escribes programas para la computadora?
2. ¿Desde cuándo les lees a los ciegos?
3. ¿Hace mucho tiempo que bailas el tango?
4. ¿Desde cuándo juegas al tenis?
5. ¿Cuánto tiempo hace que te preparas para correr el maratón?
6. ¿Desde cuándo patinas sobre hielo?

p. 25 Ex. A.   Un encuentro feliz
iba, sintió, dio, se volvió, vio, había visto, hacía, Se abrazaron, rieron, lloraron, habían pasado, se despidieron, había sufrido, había llorado, había buscado, había perdido, estaba, había cambiado, se sentía, era, Quería, había comprendido, representaba

p. 25 Ex. B.   Cómo escogí mi carrera
mandaron, fue, vivía, miraba, nos levantábamos, fuimos, tenía, estaba, pudimos (podíamos), tenía, Vivía, tenía, tenía, tenía, decidió, se sintió, quería, querían, aceptaron, apoyaron, venía, Era, tenía, representaba, venía, compartía, se enfermó, fue, oíamos (oímos), comenzó, busqué, sirvió, cayó, concluyó, tenía, vimos, fue, convenció, quería, hizo *había hecho*

p. 26 Ex. C.   El primer viaje de Yolanda al parque de atracciones
se levantaron, dijeron, era, se encontraba, iba, había oído, temían, era, iba, había, despertaron, se levantó, se vistió, bajó, estaban, se dieron, significaba, estaba, llegó, estaban, recordaron (recordaban), eran, hacían, llegaron

p. 27 Ex. D.   Lo que ocurrió en el parque de atracciones
ocurrió, esperaba, estaba, iba, oyó, Se cayó, sabía, hizo, Tropecé, me caí, pude, tragué, vino,

me abracé, utilicé, me ahogué, produjo, se convirtió, aprendió, Se sintió, consiguieron, pudo, había tenido

p. 27 Ex. E.   ¿Existe el más allá?
se había despertado, había oído, dormía, podía, estaban, estaban, miraban, discutían, había sucedido, estaba, existían, había estado, Había hecho, se había acostado, empezó, dormía, despertó, creyó, había llegado, Empezó, sintió, levantó (levantaba), gritaron (gritaban), llevaban, reconoció, vio, llegaban, había sonado, habían sacado, había sido, empezó

p. 28 Ex. F.   Incidentes curiosos de la vida real
Answers will vary.
Possible answers:
1. ...El perro ladró y me saltó encima. Yo caí al piso y grité pidiendo ayuda. Pero el perro empezó a mover la cola y a lamerme la cara. La dueña del perro se acercó y me pidió disculpas.
2. ...Todo en el sueño era muy triste y gris. De repente, de un edificio salió mi mamá y comenzó a consolarme. En este momento, me desperté.
3. ...un auto parado en el medio de la calle. Un chico se bajó y empezó a arreglar el motor. De repente vi otro auto que venía muy rápido con las luces apagadas. Por suerte, frenó a tiempo.
4. ...Mis padres decían "Debes hacer lo que dice el profesor". El profesor me hacía repasar los verbos irregulares mientras tomábamos sol en la playa. Si no sabía algún verbo, no podía bañarme en el mar.

p. 28 Ex. G.   La mejor época de mi vida
Answers will vary.
Possible answers:
La mejor época de mi vida fue cuando yo tenía siete años. En aquel entonces, mi abuelita vivía con nosotros. Ella siempre me esperaba a mi regreso de la escuela con un pastel o unas galletitas cocinadas especialmente para mí. Luego me llevaba a la plaza a jugar.

p. 28 Ex. H.   Una experiencia inolvidable
Answers will vary.
Possible answers:

Uno de los acontecimientos más importantes de mi vida fue el nacimiento de mi hermana Sara. Ella es ocho años menor que yo, así que yo me había acostumbrado a ser el mimado de la familia. Por eso, la experiencia fue un poco difícil al principio. (Etc.)

p. 29. Proyecto final
Answers will vary.
Possible answers:

¿Adónde se encontraba Ud. el viernes pasado? ¿Puede describirme su relación con el Dr. Fernández? ¿Cuándo vio al Dr. Fernández por última vez? ¿De qué hablaron?

Yo pienso que el Dr. Camacho es el asesino. Su motivación para el asesinato fue la venganza. Él estaba convencido de que Fernández le había robado su descubrimiento y no podía tolerar que otros se beneficiaran de él.

Yo pienso que el Sr. Carbajal mató al Dr. Fernández por dinero. Él sabía que el descubrimiento de Fernández era una mina de oro y no quería compartir las ganancias con nadie.

p. 29. Sin rodeos...
Answers will vary.

p. 30. En escena
Answers will vary.
Possible answers:

1. Hace dos semanas, cuando Juan lavaba el auto de su padre, vio pasar a dos chicas muy bonitas.
2. Unos días más tarde, Juan recibió una carta.
3. La carta era una invitación para una fiesta de disfraces.
4. Al día siguiente, Juan compró una capa para disfrazarse.
5. El día de la fiesta, Juan se disfrazó de vampiro y bailó hasta el amanecer con una chica disfrazada de Blancanieves. Ambos se divirtieron muchísimo.
6. Más tarde, la chica se sacó su máscara de Blancanieves y Juan vio que era la misma chica que había visto dos semanas antes. Ahora Juan y Natalia son excelentes amigos y han descubierto que tienen muchas cosas en común.

Etapa 1
La narración y la descripción en el pasado (I)

p. 32 Ex. A.   Cambios
1. escribí, escribieron, escribiste, escribimos, escribieron, escribió
2. cantó, cantaste, cantaron, cantamos, canté, cantó
3. corrimos, corrieron, corrí, corrió, corriste, corrió, corrieron

p. 33 Ex. B.   Hablando de otros
1. asistieron
2. ayudaste
3. acompañé
4. corrimos
5. patinó
6. salí
7. aprendieron
8. escribimos

p. 33 Ex. C.   ¡Qué noche!
1. corrí
2. terminamos
3. cociné
4. barrió
5. prepararon
6. arreglaron
7. salió
8. limpiaste
9. subió
10. lavó

p. 34 Ex. A.   Un concierto fenomenal
1. fuimos, fuiste, fui, fueron, fueron
2. fue, fue, fueron, fuiste, fuimos
3. dieron, dio, diste, dimos, dieron, di
4. vimos, viste, vieron, vio, vi, vio

p. 34 Ex. B.   Es mejor dar que recibir
1. dio
2. di
3. dimos
4. dieron
5. dimos
6. diste

p. 34 Ex. C.   Orlando se olvida de todo

Answers will vary.
Possible answers:

1. Fui al cine con Armando y Susana.
2. Vi *Titanic*.
3. Mis padres fueron a Nueva York el fin de semana pasado.
4. Sí, ellos vieron *El fantasma de la ópera*.
5. Sí, fuimos juntos al concierto de Luis Miguel.
6. No, nuestros amigos fueron el día siguiente.
7. Sí, tú fuiste con tu novia.
8. No, no vimos a nadie famoso en el público.
9. Sí, mi profesor(a) fue de vacaciones a Tahití.
10. No, no lo (la) vi.

p. 35 Ex. D.   Una encuesta

Answers will vary.
Possible answers:

¿Asististe a un partido deportivo?; Sí, fui a ver la final de baloncesto; ¿Cuándo y con quién fuiste?; Fui la semana pasada con mi padre; ¿Fuiste de compras?; No, no fui. ¿Por qué no fuiste?; Porque todo está muy caro.

p. 36 Ex. A.   Cambios

1. vinieron, viniste, vino, vinieron
2. quiso, quise, quisimos, quisieron
3. pusimos, pusieron, pusiste, puse
4. pudo, pudo, pudimos, pudiste
5. hizo, hicimos, hice, hicieron
6. trajiste, trajeron, trajimos, trajo
7. cupe; tuve, cupimos; tuvimos; cupieron, tuvieron, cupiste; tuviste
8. dije, dijeron, dijo, dijimos
9. supo; anduvo, supiste; anduviste, supo; anduvo, supe; anduve

p. 37 Ex. B.   Gilberto habla sobre su día de trabajo

1. produjo, produjeron, produjimos, produjiste
2. tradujo, traduje, tradujeron, tradujiste
3. redujo, redujo, redujimos, reduje
4. condujo, condujeron, condujo, condujimos

p. 37 Ex. C.   Juan y Teresa hablan sobre la familia Juárez

Vinieron, hicieron, pudieron, Tuvieron, Supiste, supe, estuve, cupo, tuvieron, estuve, estuvimos, tuvo, pude, quise

p. 38 Ex. D.   El nuevo apartamento de Pepa

pusiste, puse, cupieron, hiciste, puso, anduve, Quise, tuve, anduvieron, vinieron, estuvieron, dijeron

p. 38 Ex. E.   Raíces

1. *to stop*, yo detuve, ellas detuvieron
2. *to entertain*, Ud. entretuvo, ella entretuvo
3. *to undo*, yo deshice, Uds. deshicieron
4. *to propose*, tú propusiste, ellas propusieron
5. *to compose, fix*, él compuso, Uds. compusieron
6. *to be convenient, agree*, ella convino, nosotros convinimos
7. *to intervene*, yo intervine, ellos intervinieron

p. 39 Ex. A.   Cambios

1. saqué, sacaron, sacamos, sacaste
2. arranqué, arrancaron, arrancó, arrancamos
3. choqué, chocó, chocaste, chocaron
4. complicó, compliqué, complicó, complicaste
5. criticó, criticaste, criticaron, critiqué
6. busqué, buscamos, buscó, buscaron
7. justifiqué, justificó, justificamos, justificó

p. 39 Ex. B.   Uno de tus profesores quiere saber...

Answers will vary.
Possible answers:

1. ¿Te equivocaste mucho en la tarea de hoy?
   Sí, me equivoqué mucho.
2. ¿Practicaste la conjugación de los verbos?
   No, no practiqué mucho.
3. ¿Sacaste buenas notas en las otras clases?
   Sí, saqué buenas notas.
4. ¿Dedicaste suficiente tiempo a la unidad que estudiamos?
   No, no le dediqué suficiente tiempo.
5. ¿Le explicaste la lección a tu compañero?
   No, no le expliqué la lección.

6. ¿Marcaste las partes de la lección que no entendiste?
Sí, marqué las partes de la lección que no entendí.

p. 40 Ex. A. Cambios

1. encargué, encargó, encargamos, encargaste
2. entregué, entregó, entregó, entregaron
3. pagué, pagamos, pagaste, pagaron
4. jugué, jugaron, jugó, jugamos

p. 40 Ex. B. Hugo fue a la casa de campo...

Answers will vary. Possible answers:

1. ¿Cuándo llegaste del campo?
Llegué hace un rato.
2. ¿Apagaste las luces antes de salir?
Sí, apagué todas las luces.
3. ¿Le pagaste al jardinero?
No, no le pagué porque no tenía dinero.
4. ¿Fregaste todos los platos?
No, no fregué los platos porque no tuve tiempo.
5. ¿Regaste las plantas?
Sí, regué las plantas.
6. ¿Colgaste las llaves detrás de la puerta del garaje?
No, no colgué las llaves detrás de la puerta.

p. 41 Ex. A. Cambios

1. abracé, abrazamos, abrazaron, abrazó
2. tranquilicé, tranquilizaron, tranquilizaste, tranquilizó
3. alcancé, alcanzaron, alcanzamos, alcanzó
4. recé, rezamos, rezaron, rezaste

p. 42 Ex. B. Abelardo fue a visitar a sus abuelos...

Answers will vary. Possible answers:

1. ¿Comenzaste a limpiar el jardín?
Sí, comencé a limpiar el jardin.
2. ¿Dónde almorzaste?
Almorcé en el restaurante de la esquina.
3. ¿Gozaste de la visita?
Sí, gocé mucho de la visita.
4. ¿Abrazaste a tus abuelos antes de salir?
No, no abracé a mis abuelos antes de salir.
5. ¿Cruzaste la calle con cuidado?
Sí, crucé la calle con mucho cuidado.

p. 43 Ex. A. ¡Qué mal tiempo!

cayó, leyó, oyó, creyó

p. 43 Ex. B. Una entrevista

1. ¿Oyeron Uds. las noticias anoche?
Sí, oímos las noticias.
2. ¿Creyeron lo que dijo el presidente?
No, no lo creímos.
3. ¿Huyeron los rebeldes?
Sí, los rebeldes huyeron la semana pasada.
4. ¿Qué contribuyó a la situación política del país?
La pobreza contribuyó a la situación política.
5. ¿Concluyeron las elecciones a tiempo?
Sí, las elecciones concluyeron a tiempo.
6. ¿Incluyó el presidente a jefes militares en el gobierno?
No, el presidente no incluyó a jefes militares en el gobierno.
7. ¿Qué distribuyeron los rebeldes en las calles?
Los rebeldes distribuyeron propaganda en las calles.
8. ¿A quiénes atribuyeron la revolución?
Atribuyeron la revolución a los rebeldes.

p. 45 Cambios

1. prefirió, preferimos, prefirieron, prefirió
2. conseguimos, conseguiste, consiguió, consiguieron
3. sintieron, sentí, sintió, sentiste
4. repitió, repetimos, repetiste, repitieron
5. advirtió, advirtieron, advirtieron, advertí
6. mintió, mentiste, mintieron, mentimos
7. siguieron, siguió, siguieron, siguió
8. pedí, pidieron, pediste, pidió
9. nos reímos, me reí, se rió, se rieron
10. dormimos, dormiste, durmió, dormí

p. 45 Escenas

1. Dormiste, dormí, Estuve, llegué, almorcé, desconecté, me acosté, hice
2. Fuiste, tuve, vino, Terminaron, hicimos, pudimos, pusimos, anduve, eché
3. desempaqué, colgué, Estuve, traje, vino, madrugué, apagué, puse

p. 47 Ex. A. Cambios

1. era, era, éramos, eran
2. daban, dabas, dábamos, daba

3. iban, ibas, iban, iba
4. jugábamos; rompíamos, jugaba; rompía, jugabas; rompías, jugaban; rompían

p. 47 Ex. B.   Unos días con mis primos
era, trabajaban, tenían, regresaban, llegaba, iba, jugábamos, mirábamos, íbamos, pasaba, estaba

p. 47 Ex. C.   ¿Qué sucedía...?
1. seguía
2. estaba
3. salía
4. iba
5. venía
6. continuaba
7. estaba
8. llegaba

p. 48 Ex. A.   Los participios pasados
1. cubierto
2. hecho
3. puesto
4. vuelto
5. creído
6. dicho
7. muerto
8. resuelto
9. impreso
10. frito

p. 49 Ex. B.   Más participios pasados
1. descubierto
2. impuesto
3. descrito
4. deshecho
5. devuelto
6. compuesto

p. 49 Ex. C.   Cambios
1. ha comprado, ha conducido, ha alquilado, ha obtenido, ha perdido
2. has hecho, has resuelto, has escrito, has decidido, has oído
3. he terminado, he resuelto, he dicho, he hecho, he leído
4. ha escrito, ha abierto, ha leído, ha visto, ha roto
5. hemos tenido, hemos terminado, hemos empezado, hemos hecho, hemos recibido

p. 50 Ex. A.   Explicaciones
1. había llegado
2. había dado
3. había traído
4. habíamos visto
5. había limpiado
6. se había caído
7. habían devuelto
8. habían abierto
9. habían anunciado
10. habíamos decidido

p. 50 Ex. B.   De vacaciones
1. había resuelto
2. había frito
3. había cubierto; habíamos traído
4. habían roto
5. había organizado
6. habías asistido
7. habíamos comido
8. habían escrito

Unidad 2

La descripción de nuestros alrededores: diferencias y semejanzas

p. 52 Ex. A. Describiendo el mundo que te rodea

Answers will vary.
Possible answers:

1. Mi casa es amplia y luminosa.
2. Mi dormitorio es pequeño y acogedor.
3. Mi escuela es moderna y bonita.
4. El fútbol, mi deporte favorito, es emocionante y entretenido.
5. Mi ciudad es limpia y segura.
6. Mis tíos son honrados y optimistas.
7. Mi padre es justo y amable.
8. Mi clase de español es interesante y divertida.
9. Mis profesores son exigentes y trabajadores.
10. Mi clase de educación física es aburrida y larga.
11. Mi novio es optimista y valiente.
12. Mis compañeros son amables y bonitos.

p. 53 Ex. B. Asociaciones

Answers will vary.
Possible answers:

1. la televisión   entretenida
   La televisión es interesante y entretenida.
2. el dinero   útil
   El dinero es útil y necesario.
3. los bomberos   valientes
   Los bomberos son valientes y trabajadores.
4. el amor   romántico
   El amor es romántico y emocionante.
5. los monos   simpáticos
   Los monos son simpáticos y expresivos.
6. las ciencias   difíciles
   Las ciencias son difíciles y aburridas.
7. la educación   indispensable
   La educación es indispensable e importante.
8. la policía   valiente
   Muchos policías son honrados y valientes.
9. el agua   fresca
   El agua es fresca y saludable.
10. las tijeras   afiladas
    Las tijeras están limpias y afiladas.

11. el mar   azul
    El mar es azul y profundo.
12. las estrellas   brillantes
    Las estrellas son brillantes y bellas.
13. los atletas   veloces
    Los atletas son veloces y ágiles.
14. los idiomas   fáciles
    Los idiomas son fáciles e interesantes.
15. la guerra   peligrosa
    La guerra es horrible y peligrosa.
16. la selva   oscura
    La selva es oscura y misteriosa.

p. 54 Ex. C. El amor toca a la puerta

gloriosa, grises, buen, merecidas, blancas, olorosas, tranquilo, lentos, mejor, negro, suave, grises, alegre, alto, elegante, blancas, rojas, vivos, rodeadas, verdes, guapo, hermoso, romántico, estrecho, pesada, grande, bellos, fácil, débiles, fuertes, delicada, feliz, tonto

p. 55 Ex. D. Reflexiones

Answers will vary.
Possible answers:

1. Yo me sentía inquieta y preocupada.
   Mis amigos estaban tranquilos y concentrados.
   La profesora estaba seria y callada.
2. Mis padres estaban felices y contentos.
   Yo estaba triste y desilusionado.
   Mis amigos y yo estábamos aburridos e inquietos.
3. Yo me sentía nervioso y angustiado.
   El señor que me entrevistaba estaba irritable e impaciente.
   Mi madre estaba ansiosa y agitada.
4. El señor que conducía estaba lastimado y dolorido.
   La policía parecía formal y sensata.
   Los pasajeros del otro coche estaban asustados y alterados.
5. Yo estaba contento y tranquilo.
   Nosotros estábamos risueños y charlatanes.
   Mi mejor amigo estaba alegre y chistoso.

p. 57 Ex. A. En mi opinión...

Answers will vary.
Possible answers:

1. En las grandes hay más crimen.
2. Los mayores piensan mucho en el futuro.
3. La perezosa nunca logra nada.

4. Los negros son elegantes.
5. Los mentirosos siempre se salen con la suya.
6. El antiguo es muy bello.

p. 57 Ex. B.   En un apuro
Answers will vary.
Possible answers:
1. Lo malo es que no tenemos leche para el desayuno de mi hermanito.
2. Lo triste es que necesito este traje para una entrevista.
3. Lo irónico es que puedo llegar más temprano a pie.
4. Lo malo es que voy a la escuela sin desayunar.
5. Lo triste es que tardará mucho en crecer de nuevo.
6. Lo malo es que es un disco caro.

p. 59 Ex. A.   La limpieza
Answers will vary.
Possible answers:
1. Pon aquellos libros y aquellos discos para la computadora en aquel estante allá.
2. Pon estos cuadernos y esos lápices en ese escritorio allí.
3. Pon estos discos compactos y estos casetes en esta caja aquí.
4. Pon esas camisas y esas medias en esa gaveta allí.
5. Pon aquellos zapatos y aquellas camisetas en aquel ropero allá.
6. Pon ese radio portátil y esas gafas en esa cómoda allí.

p. 59 Ex. B.   Aquí, allí, allá
Answers will vary.
Possible answers:
Mis padres y mis amigos me han ayudado a amueblar mi departamento. Mi primo José me regaló aquella mesa allá. Mi amiga Lucía me prestó este sillón aquí. Este sillón es más lindo que ése allí, el que me dio mi abuela. Mis padres me compraron estas tazas aquí, y mi madrina me compró aquellos platos allá en la cocina.

p. 60 Ex. A.   En la galería de arte
ésta, ésta, aquéllos, ésta, ésa, éste, aquél, aquéllas

p. 61 Ex. B.   Los niños quieren de todo
1. ése, éste, éstos
2. Éstos, Ésos, Éstos, ésos
3. Ésta, Ésa, ésta, Ésa, ésta
4. Ése, ése

p. 62 Ex. C.   Mirando unas diapositivas
1. Esta, Ésa, aquélla
2. Éste, ésa
3. este, el
4. Este, el
5. Éste

p. 62 Ex. D.   En el estadio de fútbol
1. éste, aquélla
2. éste, aquél
3. éstos, aquéllas
4. éste, aquél
5. Éste, aquél

p. 62 Ex. E.   Contrastes
Answers will vary.
Possible answers:
Ese perro que está jugando en la acera es más simpático que ése que está cruzando la calle; Aquél que está cruzando la calle es más feroz que un perro rabioso; Este edificio es más antiguo y lujoso que ése de enfrente; Ese edificio de enfrente es más moderno que aquéllos de la esquina.

p. 64 Ex. A.   Descripciones
Answers will vary.
Possible answers:
1. Yo vivo en esa casa de la esquina. Mi pasatiempo favorito es escuchar música rock. Mis amigos y yo vamos a ver a todas las bandas que vienen a esta ciudad.
2. Mi familia es muy querida en este barrio. Nosotros cuidamos a nuestros animales domésticos y hacemos muchos trabajos para nuestra comunidad.
3. Mis padres hacen muchas actividades para divertirse. Muchas veces hacen excursiones con sus amigos o se reúnen en casa con nuestros parientes que viven cerca.
4. Mi profesora de español prepara muy bien sus clases. Su manera de vestir es muy diferente y original. Su familia es numerosa.

p. 65 Ex. B. ¡Ese apodo tuyo!

mis, mía, mi, mis, Tu, tuyo, nuestra, tus, tuyos, su, nuestros, nuestros, tu, tus

p. 65 Ex. C. Las pertenencias

Answers will vary.
Possible answers:
1. Mi gato es bonito, pero tu perro es muy cariñoso.
2. Mis discos compactos son modernos. Tus cintas son viejas.
3. Susana lleva una falda azul. Su falda es muy corta. Mi falda es larga.
4. Mis amigos son muy estudiosos, pero ese amigo tuyo es muy simpático.
5. Tus padres son jóvenes. Mis padres son mayores.

p. 66 Ex. D. Después del accidente

la, el, la, su, la, Sus, el, las, la

p. 66 Ex. A. ¿De quién es...?

1. La mía
2. Las nuestras
3. Los míos
4. El suyo
5. El mío
6. Los tuyos
7. El nuestro
8. Los suyos
9. El suyo

p. 67 Ex. B. Contrastes

1. el suyo, el mío
2. La suya, la nuestra
3. La suya, la mía
4. las tuyas, las suyas
5. La nuestra, la suya

p. 67 Ex. C. Para aclarar la situación

1. Las suyas
2. las nuestras
3. La suya/La de Uds.
4. Los míos
5. tuyo
6. La suya/La de ellos
7. los suyos/los de él
8. Los suyos/Los de ella
9. La nuestra
10. Los míos

p. 68 Ex. D. Para distinguir mejor

1. El de ellos, El de Uds.
2. Las de él, las de ella
3. El de ella, El de él
4. Los de él, los de ella
5. el de ella, el de él
6. las de ellas, la de él

p. 70 Ex. A. Contrastes

Answers will vary.
Possible answers:
1. David es más joven que Susana. Raquel es la más joven de los tres.
2. David es alto. Susana es bajísima.
3. Susana pesa menos que David. Raquel es delgadísima.
4. Susana trabaja tantas horas como David. Raquel trabaja menos que ellos.
5. Raquel ahorra más dinero que Susana.
6. Susana tiene muchísimos discos. Raquel tiene más discos que David.
7. La familia de Susana es tan numerosa como la de David. La familia de Raquel es más pequeña que la de Susana y David.

p. 71 Ex. B. Comparaciones

Answers will vary.
Possible answers:
1. Mi mejor amigo es más tímido que yo.
2. Mi vecino de enfrente es más amable que el de al lado.
3. Mi madre es más joven que mi abuelo.
4. Mi tío Esteban es más antipático que mi tío Enrique.
5. Un equipo de fútbol tiene más jugadores que un equipo de baloncesto.
6. Esta canción tiene más ritmo que aquélla.
7. Tu universidad es más cara que la mía.
8. Este libro tiene más personajes que el que leí el mes pasado.
9. Los gatos son más curiosos que los perros.
10. El invierno es más deprimente que el verano.
11. Chicago tiene más habitantes que San Francisco.
12. La profesora de español es menos gritona que el profesor de música.
13. Este curso es más difícil que el del semestre pasado.
14. La mañana es más cálida que la noche.
15. Este refresco tiene un sabor más natural que ése.

16. El libro de español tiene más páginas que el libro de química.

p. 72 Ex. C.   ¡Qué orgullo!
Answers will vary.
Possible answers:

1. Raúl tiene tanto talento musical como un concertista.
2. Ignacio es más listo que un científico.
3. Julio y Jorge juegan al tenis tan hábilmente como Iván Lendl.
4. Georgina actúa tan bien como Glenn Close.
5. Mi mejor amigo es más exitoso que sus hermanos.
6. Tomás recibe más medallas que un deportista profesional.

p. 72 Ex. D.   Más comparaciones con superlativos
Answers will vary.
Possible answers:

1. Ésta fue la película más exitosa de todas las películas de este año.
2. Los Ángeles es la ciudad más emocionante de los Estados Unidos.
3. Los Juegos Olímpicos son el evento deportivo más emocionante de todos los eventos deportivos.
4. El fumar es peligrosísimo para la salud.
5. El Gran Tiburón Blanco es el animal más peligroso del océano.
6. La Madre Teresa era humildísima.
7. Beethoven fue uno de los compositores más talentosos de la historia.
8. Pablo Picasso es el pintor más admirado de todos los pintores de arte moderno.
9. La televisión es divertidísima.
10. El maratón es la carrera más larga de todas las carreras de atletismo.
11. El cáncer es una de las enfermedades más mortales de todas las enfermedades.
12. Las Cataratas del Niágara son bellísimas.

p. 73 Ex. A.   Diferencias y semejanzas
Answers will vary.
Possible answers:
En la escuela primaria nos daban menos tareas que en la escuela secundaria; En la escuela secundaria los maestros son más exigentes que los maestros de la escuela primaria; En la escuela primaria las actividades eran más entretenidas que las actividades de la escuela secundaria. (Etc.)

p. 73 Ex. B.   Mis cuadros favoritos
Answers will vary.
Possible answers:
Mi pintura favorita es un retrato pintado por Tiziano que vi en Roma. No es el más famoso de los cuadros de Tiziano, pero cuando lo vi me conmovió más que otros cuadros. (Etc.)

p. 74 Ex. C.   Mi escuela
Answers will vary.
Possible answers:
Mi escuela está en un suburbio de Chicago. Hay en total unos 800 estudiantes. El equipo de béisbol salió campeón de la liga intercolegial el año pasado. El equipo de natación quedó en el tercer puesto, pero este año esperamos ganar. (Etc.)

p. 74 Ex. D.   Un documental
Answers will vary.
Possible answers:
Mi familia es una familia típica de clase media estadounidense. Mi papá trabaja en un banco y mi mamá trabaja medio tiempo como maestra. Los fines de semana, mis hermanos y yo ayudamos a nuestros padres en el jardín y luego jugamos al béisbol o miramos televisión todos juntos. (Etc.)

p. 74 Ex. E.   En una isla desierta
Answers will vary.
Possible answers:
Si fuera a pasar seis meses en una isla desierta me gustaría ir con mi mejor amigo. Él va siempre de campamento con su familia y sabe cómo sobrevivir en una isla desierta. Por ejemplo, él sabe pescar, armar una tienda y puede decir qué hora es con sólo mirar la posición del sol. También escojo a Mark Twain porque puede entretenernos con sus cuentos. (Etc.)

p. 74 Ex. F.   La publicidad
Answers will vary.
Possible answers:
Este anuncio de maquillaje muestra el rostro de una modelo. Es una chica bellísima, con grandes ojos verdes y un cutis muy suave. El anuncio trata de convencerme de que, si yo usara este maquillaje, podría lucir tan bella

como esta modelo. Es más efectivo que este anuncio de zapatos muy feos. (Etc.)

p. 74 Ex. G.   Una foto de mi niñez
Answers will vary.
Possible answers:
Hace diez años, mi mamá llevaba el pelo largo y mi papá usaba barba. Ahora, mi mamá tiene el cabello corto y mi papá se afeita la barba. En ese tiempo, ambos eran más delgados. Ahora no tienen mucho tiempo para hacer ejercicio. (Etc.)

p. 74 Ex. H.   Los gobiernos
Answers will vary.
Possible answers:
En España, el sistema de seguridad social es más amplio que en Estados Unidos. El seguro de desempleo dura más tiempo y hay muchos hospitales públicos que atienden a la gente gratis. Sin embargo, en Estados Unidos hay más trabajo y oportunidades para todos. (Etc.)

p. 74   Sin rodeos...
Answers will vary.

p. 75   En escena
Answers will vary.
Possible answers:
1. Por la ventana de la barbería, el chico ve cómo el barbero le corta el cabello a un cliente.
2. El chico decide cambiar su imagen y se compra varios productos para el cabello.
3. Cuando llega a su casa, se pone el producto en el cabello hasta que sale espuma.
4. Luego se cubre la cabeza con una toalla y se sienta a esperar.
5. Tres horas más tarde, el chico se enjuaga el cabello.
6. Al día siguiente, el chico va a la escuela con su nuevo peinado, y todos sus amigos están muy sorprendidos.

Etapa 2
La descripción de nuestros alrededores: diferencias y semejanzas

p. 78   Cambios
1. costosa, horrible, maravillosa
2. extranjeros, franceses, valientes
3. extraños, nerviosos, cobardes
4. charlatana, lista, generosa
5. útiles, complicados, difíciles
6. trabajadores, excelentes; obedientes, altas; listos, sobresalientes
7. azules, decoradas, verdes
8. alemana, inglesa, puertorriqueña
9. largas, bonitas, transparentes
10. pequeños, débiles, juguetones

p. 80 Ex. A.   Un nuevo coche
primer, gran, varias, muchas, todas, Algunas, tontas, interesantes, útiles, plástico, ningún, cien, mismo, completo, inteligentes, trabajadores, alemanes, algunos, nuevos, distintos, pocos, primeros, diseñados, fabricados, locales, enorme, pobre, práctico, económico, mismo

p. 81 Ex. B.   La lotería
1. un hombre rico
2. la comida deliciosa
3. una mesa grande
4. la pobre mujer
5. El director mismo
6. viejos amigos
7. una gran ciudad
8. los mismos números
9. una videocasetera nueva

p. 81 Ex. C.   ¡Vamos a la heladería!
suficiente tiempo/tiempo suficiente, poco tiempo, mejores helados, peor calle, algún policía, varios sabores, ningún helado, ambos helados, otro sabor, bastante tiempo, mucho tiempo

p. 82 Ex. D.   Santiago tuvo un examen...
Ningún, cien, tercer, Cualquier, buen, gran, algunos, San, Tercera, algún

p. 82 Ex. A.   La tienda favorita de Teresita

1. una mesa de madera
2. un florero de vidrio
3. una camisa de lana
4. unas botellas de detergente
5. unas cucharas de plata
6. unos platos de papel
7. un libro de recetas

p. 83 Ex. B.   Los programas de televisión

Answers will vary.
Possible answers:

1. Me gustan los informativos.
2. Prefiero la del actor moreno.
3. Me gustan más los modernos.
4. Prefiero los serios.
5. Voy a ver el policiaco.

p. 83 Ex. C.   En el cine con mis amigos

1. Lo interesante es no saber el final.
2. Lo triste es la muerte del personaje principal.
3. Lo bueno es tener tanta variedad de películas.
4. Lo malo es tener que hacer cola.
5. Lo absurdo es pagar tanto dinero.

p. 84 Ex. A.   De compras con Diana

1. estos, esas, aquel
2. estos, esa, aquellas
3. este, esos, aquellas
4. estos, esas, aquel
5. este, ese, aquella
6. esta, esa, aquellos
7. estos, ese, aquella
8. estas, esos, aquella

p. 85 Ex. B.   Completa las siguientes conversaciones...

1. ese, Este, esa, esos, esta, aquellas
2. aquellos, aquel, éste, Estos, esa, esas
3. esta, esa, esos, aquellas
4. Ese, ese, aquellos, aquel, aquel, Este

p. 87 Ex. A.   Algunas fotos de un viaje

1. ésta, ésa, aquélla
2. éste, ése, aquél
3. éstas, ésas, aquéllas
4. éstas, ésas, aquéllas

5. éste, ése, aquél
6. ésta, ésa, aquélla
7. ésta, ésa, aquélla
8. éstos, ésos, aquéllos
9. éstos, ésos, aquéllos
10. éstas, ésas, aquéllas

p. 87 Ex. B.   Gerónimo muestra las fotos...

1. Éste
2. Ésta
3. Éstas
4. Ésta
5. Éstas
6. Éstos
7. Éste
8. Éste
9. Éstos
10. Éstos

p. 88 Ex. C.   ¿Qué quieres hacer en la ciudad?

1. ése
2. ésa
3. ésa
4. ése
5. ésas
6. ésos
7. ése

p. 88 Ex. D.   En camino al aeropuerto

1. aquélla
2. aquél
3. aquéllos
4. aquéllas
5. aquéllas
6. aquél
7. aquél

p. 88 Ex. E.   Respuestas

1. Eso
2. Aquello
3. Esto
4. Eso
5. Esto

p. 90 Ex. A.   Cambios

1. (yo) mi curso, mis temores, mis ideas, mi familia
2. (tú) tu trabajo, tus reacciones, tu equipaje, tus cintas

3. (él) su jefe, sus lentes, su bisabuela, su habitación
4. (ella) sus tarjetas, su escritorio, su blusa, sus nietos
5. (Ud.) su computadora, su pasaporte, su reservación, sus direcciones
6. (nosotros) nuestros vecinos, nuestra casa, nuestro barrio, nuestras flores
7. (ellos) su fábrica, su sueldo, sus uniformes, sus quejas
8. (ellas) sus vacaciones, su escritorio, su compañía, sus vestidos
9. (Uds.) sus entradas, su apartamento, sus asientos, su hija

p. 91 Ex. B.   Cambios
1. (yo) el curso mío, los informes míos
2. (tú) los profesores tuyos, el trabajo tuyo
3. (él) el resumen suyo, las aptitudes suyas
4. (Ud.) el billete suyo, la reservación suya
5. (nosotros) los vecinos nuestros, las flores nuestras
6. (ellos) la fábrica suya, los deberes suyos
7. (ellas) la fiesta suya, los vestidos suyos
8. (Uds) las entradas suyas, la hija suya

p. 91 Ex. C.   Con más claridad
1. (él) las medicinas de él, el primo de él
2. (ella) la revista de ella, las fotografías de ella
3. (Ud.) los recorridos de Ud., el viaje de Ud.
4. (ellos) el proyecto de ellos, las recomendaciones de ellos
5. (ellas) la carta de ellas, los periódicos de ellas
6. (Uds.) los planes de Uds., las cajas de Uds.

p. 91 Ex. D.   En el campamento de verano...
1. No, no son de él. Son de Uds.
2. No, no es mío. Es de Elena.
3. No, no son de ella. Son de Tina y Petra.
4. No, no son nuestras. Son de Juan y Tito.
5. No, no es de él. Es de Rodolfo.

p. 92 Ex. A.   Los parientes
1. los tuyos, los de él/los suyos, los de Cristina
2. los míos, los de ella/los suyos, los de ellos/los suyos
3. el de ella/el suyo, el nuestro, el de Fernando

4. los tuyos, los de él/los suyos, los de ellos/los suyos
5. los nuestros, los de ellos/los suyos, los de ella/los suyos
6. la tuya, la de él/la suya, la de ellos/la suya
7. la de ella/la suya, la tuya, la de ellos/la suya

p. 93 Ex. B.   En la playa
1. las suyas/las de él
2. la mía
3. el mío
4. la tuya
5. el mío
6. el suyo/el de ellos
7. los nuestros
8. el suyo/el de ella

p. 93 Ex. C.   El trabajo
1. el de él, el de ellos
2. la de Uds., la de ellas
3. la de él, la tuya
4. los de ella, los de ellas
5. las de él, las de ella
6. los de ellos, los de Uds.

p. 96 Ex. A.   En comparación
Answers may vary.
Possible answers:
1. La próxima lección es tan difícil como ésta.
   La próxima lección es más difícil que ésta.
2. Yo soy tan trabajador como mi hermano mayor.
   Yo soy menos trabajador que mi hermano mayor.
3. Esta marca es tan barata como ésa.
   Esta marca es más barata que ésa.
4. Su horario es tan pesado como el mío.
   Su horario es menos pesado que el mío.
5. Tú eres tan atlético como él.
   Tú eres más atlético que él.
6. Nosotros somos tan diligentes como ellos.
   Nosotros somos menos diligentes que ellos.

p. 96 Ex. B.   Superlativos
Answers will vary.
Possible answers:
1. Pablo es el más inteligente de la clase.
2. Este helado es el mejor de la heladería.

3. Ésta es la atracción más emocionante del parque de diversiones.
4. Este deporte es el más popular del país.
5. Éstas son las entradas más caras del estadio.
6. Estas entradas son las más caras del estadio.
7. Anita y Paula son las más amables del grupo.

p. 97 Ex. C.   Comparaciones
Answers will vary.
Possible answers:
1. Yo tengo tanto miedo como tú.
   Yo tengo más miedo que tú.
2. Ella lee tantos libros como nosotros.
   Ella lee menos libros que nosotros.
3. Javier ve tantas películas como Uds.
   Javier ve más películas que Uds.
4. Mi padre arregla tantos motores como el mecánico.
   Mi padre arregla menos motores que el mecánico.
5. Los alumnos hacen tanto trabajo como los profesores.
   Los alumnos hacen más trabajo que los profesores.
6. Hacemos tantos viajes como nuestros parientes.
   Hacemos menos viajes que nuestros parientes.

p. 97 Ex. D.   En el concurso...
1. Diego habla tan bien como Graciela.
2. Yo estoy tan nervioso como él.
3. Nosotros trabajamos tan duro como ellos.
4. Rosaura escribe el discurso tan cuidadosamente como nosotros.
5. Los jueces nos dan la bienvenida tan calurosamente como nuestros profesores.

p. 98 Ex. E.   Adela y Diego hablan sobre sus amigos
1. Jacobo es sumamente romántico.
2. Hugo y Julia son aburridísimos.
3. Dolores es loquísima.
4. Julián es elegantísimo.
5. Susana es agilísima.
6. María está enojada.
7. Luis es ferocísimo.

Unidad 3
La narración y la descripción en el presente

p. 101 Ex. A.   Las actividades físicas
Answers will vary.
Possible answers:
1. Todos los días oigo las noticias.
2. De vez en cuando digo mentiras.
3. Rara vez levanto pesas.
4. Nunca me acuesto tarde.
5. Los fines de semana voy de compras.
6. Cuando estoy de vacaciones participo en un maratón.
7. Todos los jueves asisto a clases de ejercicios aeróbicos.
8. Una vez por semana juego al ajedrez.

p. 101 Ex. B.   Una semana típica
Answers will vary.
Possible answers:
1. Generalmente ayudo a mi madre con los quehaceres.
2. A menudo me encuentro con mis amigos.
3. Por lo general voy al gimnasio los martes y jueves.
4. De vez en cuando voy a visitar a mis abuelos.
5. Siempre hago las tareas al llegar de la escuela.

p. 102 Ex. C.   ¿Qué hacen cuando...?
Answers will vary.
Possible answers:
1. Cuando estoy de vacaciones miro la televisión por la tarde y salgo con mis amigos por las noches.
2. Cuando estoy aburrida, llamo por teléfono a una amiga y arreglo para ir al cine.
3. Cuando estoy enfermo me quedo en cama y escucho música todo el día.
4. Cuando tenemos exámenes nosotros estudiamos mucho y nos acostamos temprano.
5. Cuando mis padres trabajan mucho ellos se quedan hasta tarde en la oficina y cenan en un restaurante.

p. 104 Ex. A. Mi deportista favorito

Answers will vary.
Possible answers:

a. cuerpo: delgado, atlético, musculoso
   tamaño: de estatura pequeña
   piel: suave, juvenil
   cara: redonda
   pelo: lacio, castaño
   nariz: respingada

b. Mi deportista favorita es Dominique Moceanu. Ella es una gimnasta olímpica. Es delgada, atlética y de estatura muy pequeña. Tiene el cabello lacio y bonitos ojos castaños. (Etc.)

p. 104 Ex. B. Mi deportista favorito

Answers will vary.
Possible answers:

1. Dominique Moceanu es mi deportista favorita.
2. Ganó una medalla olímpica.
3. Es estadounidense.
4. Pronto participará en un campeonato.
5. Anunciarán la competencia por televisión.

p. 105 Ex. C. Figuras del mundo hispano

1. Las novelas *La hojarasca* y *El coronel no tiene quien le escriba* fueron escritas por Gabriel García Márquez.
2. La iglesia *La Sagrada Familia* fue construida por Antonio Gaudí.
3. El cuadro *Guernica* fue pintado por Pablo Picasso.
4. La ciudad de Tenochtitlán fue conquistada por los españoles.
5. El monasterio El Escorial fue fundado por Felipe II.
6. Las colecciones de invierno y de primavera fueron diseñadas por Carolina Herrera.
7. El cuadro *Las Meninas* fue pintado por Diego de Velázquez.

p. 106 Ex. A. ¡Qué pena!

Answers will vary.
Possible answers:

a.

1. Enrique está preocupado porque tiene un examen importante.
2. Enrique está enojado porque no pudo ir al partido.

3. Enrique está decaído porque no ha comido desde ayer.
4. Enrique está contento porque su madre hace todo por él.

b.

1. Enrique toma jarabe para la tos porque tiene catarro.
2. Enrique toma aspirinas porque tiene dolor de cabeza.
3. Enrique no come porque tiene dolor de garganta.

p. 107 Ex. B. El mundo desde mi ventana

Answers will vary.
Possible answers:

La Sra. García está mirando televisión; Los niños están montando en bicicleta; El Sr. González y la Sra. Santana están regando las plantas; Una chica está limpiando las ventanas de su casa.

p. 108 Ex. C. Situaciones

Answers will vary.
Possible answers:

Los chicos son estudiantes de una escuela secundaria; Es la hora del recreo y los chicos están jugando al baloncesto; A la izquierda del dibujo se ve a un profesor de la escuela.

p. 108 Ex. D. La fiesta de fin de año

Answers will vary.
Possible answers:

Es el 15 de junio a las siete y media de la tarde, y el personal de la escuela está festejando el fin del año escolar; Ellos están tomando ponche y comiendo bocadillos; Todos están muy contentos porque pronto se irán de vacaciones.

p. 109 Ex. E. La satisfacción de pasar tiempo con los niños

están, están, tengo, son, tiene, tienen, tienen, son, tiene, tenemos, tengo, Es, es, estar, estoy, estoy, Estás, eres.

p. 109 Ex. F. Los problemas de Tomás y Guadalupe

es, Soy, Estoy, estás, Estoy, estar, es, estás, es, eres, es, está, es, está, es, está, Es, es, Es
estoy, estamos, está

p. 110 Ex. G. ¿Qué estabas haciendo cuando...?

Answers will vary.
Possible answers:

1. ¿Dónde estabas durante la última serie mundial de béisbol? ¿Qué estabas haciendo?
   Estaba en el estadio. Estaba mirando el partido.
2. ¿Dónde estabas durante la última tormenta? ¿Qué estabas haciendo?
   Estaba en un barco. Estaba navegando.
3. ¿Dónde estabas durante las últimas elecciones presidenciales? ¿Qué estabas haciendo?
   Estaba en otro país. Estaba de vacaciones.
4. ¿Dónde estabas durante la última ceremonia de entrega de los premios Óscar? ¿Qué estabas haciendo?
   Estaba en mi casa. Estaba mirando la ceremonia por televisión.
5. ¿Dónde estabas durante la fiesta del *prom* del año pasado? ¿Qué estabas haciendo?
   Estaba en mi casa. Estaba enferma.

p. 110 Ex. H. Mi lugar favorito

Answers will vary.
Possible answers:

En mi lugar favorito el aire es limpio y puro. No hay ruido de autos ni bocinas. Sólo se escucha el rumor del océano y el canto de las gaviotas. Me gusta echarme en la arena y mirar pasar los barcos a lo lejos. (La playa)

p. 111 ¿Ser o estar?

1. es lista
2. está verde
3. está loco
4. es aburrido
5. es rico *(está)*
6. son orgullosas
7. es aburrido
8. es atento
9. es rica
10. estoy seguro

p. 112 Un poco de práctica

1. cantando
2. saber
3. Viajar
4. gritando
5. preparándonos
6. comportándose
7. enseñar
8. ir
9. aplaudiendo
10. durmiendo
11. Fumar
12. bajar
13. corriendo
14. Querer, poder
15. conduciendo

p. 115 Ex. A. Las primeras horas del día

Answers will vary.
Possible answers:

Todos los días me despierto a las 7 de la mañana; Me levanto, me baño y me visto; Luego me desayuno y me despido de mis padres antes de ir a la escuela; Después me voy a la escuela y me quedo allí hasta la tarde.

p. 115 Ex. B. Las últimas horas del día

Answers will vary.
Possible answers:

Antes de ir a dormir, me quito la ropa y me lavo los dientes; Luego me pongo el camisón y me acuesto; Siempre leo un rato antes de dormirme.

p. 116 Ex. C. Una relación ideal

Answers will vary.
Possible answers:

Ellos se ayudan (el uno al otro) con el estudio y los quehaceres; Ellos no se exasperan por tonterías; Ellos se animan (el uno al otro) para progresar; Ellos se interesan por las mismas cosas; Ellos se alegran cuando tienen tiempo para estar juntos.

p. 116 Ex. D. Respuestas

Answers will vary.
Possible answers:

1. Sí, se me cayó debajo de la mesa.
2. Sí, se le perdió en el autobús.
3. Sí, se me rompió al ponerlo en el lavavajilla.
4. Sí, se le quedaron en la casa de sus primos.
5. Sí, se me paró anoche.
6. Sí, se nos cayeron en el aeropuerto.

p. 116 Ex. E. Situaciones inesperadas

Answers will vary.
Possible answers:

1. Se me perdió el libro que necesitaba para terminar el informe.
   Se me olvidó el cuaderno de apuntes en el gimnasio.
   Se me arruinó el experimento.
2. Se me cayó el libro en el tren.
   Se me perdió la mochila en que llevaba el libro.
   Se me olvidó que la tarea era para hoy.
3. Se me perdieron los discos compactos en el parque de diversiones.
   Se me rompió una cinta y tengo que grabarla otra vez.
   Se me olvidó traer los discos.

p. 117 Ex. F. Miles de excusas

1. se me olvidó
2. se me pierde
3. se me rompe
4. se me quedó en casa
5. se me caen

p. 117 Ex. G. Pequeños accidentes

1. Se les perdieron los pasaportes.
2. Se te olvidó la cámara.
3. Se le rompió la maleta.
4. Se nos quedó la bolsa de mamá.
5. Se me cayeron los boletos.

p. 118 Ex. H. Hacerse, ponerse y volverse

1. Ella se puso nerviosa.
2. Él se hizo rico.
3. Él se puso agresivo.
4. ellos se hicieron abogados
5. él se puso loco

p. 118 Ex. I. ¿Por qué te gusta la ciudad o el pueblo donde vives?

Answers will vary.
Possible answers:

1. Aquí no se escucha mucho ruido.
2. Aquí no se ve mucha pobreza.
3. Aquí se vive bien.
4. Aquí se ve poca violencia.
5. Aquí se respetan las normas de convivencia.

p. 118 Ex. A. Mi pariente favorito

Answers will vary.
Possible answers:

Mi pariente favorito es mi tío Horacio, el hermano de mi madre. Él es moreno y de estatura mediana, con el cabello rizado y los ojos grises. Él es un periodista excelente. Él ha visto muchas cosas terribles, y por eso aprecia el valor de la familia y la paz. (Etc.)

p. 119 Ex. B. Reuniones familiares

Answers will vary.
Possible answers:

Mis parientes viven en otra ciudad. Para el Día de Acción de Gracias, ellos suelen venir de visita a mi casa. Me gusta la comida especial que prepara mi madre en estas ocasiones y siempre lo paso muy bien con mis primos. (Etc.)

p. 119 Ex. C. Los exámenes

Answers will vary.
Possible answers:

1. Yo hago resúmenes porque me ayuda a recordar los temas importantes.
2. Yo me voy a dormir temprano porque no quiero estar cansada.
3. Yo me reúno con mis compañeros porque nos preparamos mejor.
4. Yo me despierto dos horas antes porque me gusta repasar antes del examen.
5. Yo llego temprano a la escuela porque consigo lugar en la primera fila.

p. 119 Ex. D. Preocupaciones

Answers will vary.
Possible answers:

Uno de los problemas que más afecta a mi comunidad es la contaminación. Los gases tóxicos de los autos, los desechos industriales y la basura están arruinando muchos lugares. Creo que poner en marcha un programa para reciclar la basura ayudaría mucho para mejorar esta situación.

p. 119 Ex. E. Adivinanzas

Answers will vary.
Possible answers:

(a) Una mujer de hielo que ganó en las Olimpiadas de invierno. Es rubia, pequeña y sonriente. (Tara Lipinski)

(b) Sólo vive en Australia, es saltarín y lleva a sus crías en una bolsa. (El canguro)

(c) Con teclado y monitor, ella me lleva por todo el mundo sin que yo me mueva de mi casa. (La computadora con conexión a Internet)

p. 119 Ex. F.   El vendedor ambulante

Answers will vary.

Possible answers:

¡Compre esta aspiradora y olvídese de la limpieza! Con sólo apretar estos botones Ud. puede hacer que la aspiradora trabaje cuando Ud. está fuera. ¡No más mañanas de sábado perdidas porque hay que limpiar! ¡No se la pierda!

p. 119 Ex. G.   ¿Cómo se hace?

Answers will vary.

Possible answers:

Para preparar el arroz, primero se hierven tres tazas de agua con un poco de manteca y sal. Cuando el agua está hirviendo, se agrega una taza y media de arroz y se cocina a fuego lento hasta que se absorba toda el agua.

p. 120.   Sin rodeos...

Answers will vary.

p. 120.   En escena

1. El chico estaba regando las plantas con una manguera cuando sonó el teléfono.
2. Corrió a atender el teléfono y se olvidó de cerrar la llave de agua.
3. El chico habló largo rato con un amigo sobre fútbol. El agua sigue corriendo.
4. Cuando salió al jardín, vio que estaba todo inundado. El chico no sabía qué hacer, pero después se le ocurrió una idea.
5. Fue a la tienda de animales domésticos y compró unos patos.
6. Puso los patos a nadar en el jardín inundado y sus padres pensaron que él había hecho un estanque.

Etapa 3
La narración y la descripción en el presente

p. 122 Ex. A. Cambios

1. viajan, viajo, viajamos, viajas, viaja
2. buscan, buscas, busca, buscan, buscamos
3. prometo, prometemos, prometen, prometes, prometen
4. Aprendes, Aprende, Aprendemos, Aprende, Aprende
5. comparten, comparte, compartes, comparto, compartimos
6. recibes, recibimos, reciben, recibo, recibe

p. 123 Ex. B.   Una semana típica

Answers will vary.

Possible answers:

1. Durante la semana...
   Yo asisto a clases en la escuela.
   Mis amigos aprenden español.
   Tú escribes muchas cartas.
   Mis padres y yo trabajamos mucho.
2. Por la noche...
   Yo preparo las lecciones para la escuela.
   Mis amigos ven televisión.
   Tú limpias la cocina.
   Mis padres y yo comemos temprano.
3. Los fines de semana...
   Yo voy al gimnasio.
   Mis amigos escuchan música.
   Tú sales con tu novio.
   Mis padres y yo hacemos los quehaceres.

p. 123 Ex. C.   Más información, por favor

Answers will vary.

Possible answers:

1. Siempre comparto mi almuerzo con mi mejor amiga.
2. Rara vez levantamos la mano en clase.
3. No, nunca interrumpimos al profesor.
4. Sí, leo mucho en mi tiempo libre.
5. No, mi profesor de español no sabe pintar.
6. Sí, mis amigos se ponen muy nerviosos durante los exámenes.
7. Sí, casi siempre repaso mis apuntes antes de la clase.

8. Sí, mi mejor amigo grita como un enloquecido durante los partidos de fútbol.

p. 124 Ex. A. Actividades

Answers will vary.
Possible answers:

1. Yo sé ir a la casa de Pedro pero Uds. no saben ir.
2. Yo salgo con mis padres, pero mis amigos no salen con sus padres.
3. Yo hago la cama, pero tú no la haces.
4. Yo doy las gracias, pero Uds. no dan las gracias.
5. Yo pongo la mesa en mi casa, pero mi padre no pone la mesa.
6. Yo quepo en el coche, pero tu amiga no cabe.
7. Yo traigo el radio a la escuela, pero mis profesores sólo traen los libros.
8. Yo deshago el rompecabezas, pero mi hermano lo hace.

p. 125 Ex. B. Más información, por favor

Answers will vary.
Possible answers:

1. Sí, contraigo muchas enfermedades.
2. No, nunca viajo al extranjero.
3. La entrada a los cines de mi vecindario cuesta $7.
4. No, no sé bailar el tango.
5. No, no compongo canciones en el piano.
6. Sí, mis amigos dan fiestas casi todos los fines de semana.
7. Sí, donde yo vivo nieva mucho en invierno.
8. Sí, todos los viernes alquilo varias películas en vídeo.

p. 126 Ex. A. Cambios

1. somos, eres, es, es, son
2. tiene, tenemos, tienen, tengo, tienen
3. estás, estoy, están, está, estamos
4. obtengo, obtenemos, obtienes, obtiene, obtienen

p. 126 Ex. B. Más cambios

1. dicen, dices, dice, decimos, digo
2. vienes, viene, vienen, viene, vengo

3. Oyen, Oyes, Oímos, Oye, Oyen
4. Va, Va, Van, Van, Vas
5. tenemos, tengo, tienen, tiene, tienes

p. 126 Ex. C. ¿Cómo están...?

Answers will vary.
Possible answers:

1. Yo estoy preocupada.
2. Tú estás nervioso.
3. Ellos están muy saludables.
4. Nosotras estamos mojadas.
5. Yo estoy sorprendida.
6. Él está agotado.
7. Yo estoy deprimida.
8. Ud. está muy ocupado.

p. 127 Ex. D. Personas que conocen

1. tienes, tiene, tenemos
2. tengo, tiene, tienen
3. tiene, tienes, tienen
4. tiene, tiene, tienes

p. 127 Ex. E. Una entrevista

Answers will vary.
Possible answers:

1. Antes de salir de mi casa tengo que saludar a mis padres.
2. Sí, siempre escucho el noticiero matutino antes de salir para la escuela.
3. Vengo a la escuela en autobús/a pie.
4. A veces veo a algunos amigos en el autobús.
5. A menudo llego tarde.
6. Le digo que se atrasó el autobús.
7. Sí, es comprensivo(a).
8. Hay 15 estudiantes en la clase de español.
9. Sí, todos pensamos lo mismo sobre el/la profesor(a).
10. En mi escuela hay natación, baloncesto y béisbol.

p. 129 Ex. A. Cambios

1. pienso, pensamos, piensan, piensas, piensa
2. recuerda, recuerdo, recordamos, recuerdan, recuerdas
3. piden, pide, pides, piden, pide
4. cerramos, cierran, cierras, cierra, cierro
5. hueles, olemos, huele, huelen, huele

p. 130 Ex. B. Frases incompletas

Answers will vary.
Possible answers:
1. Alberto empieza sus clases a las ocho.
2. Carmen y Abelardo siempre les piden permiso a sus padres.
3. Yo encuentro tus zapatos debajo de la mesa.
4. En Chicago llueve todos los días.
5. Ellos repiten las frases varias veces.
6. Nosotros cerramos las ventanas cuando nieva.
7. Ese chico no entiende cuando tú hablas rápido.
8. Mi hermano y yo dormimos bien porque ellos no hacen ruido.

p. 131 Ex. A. Cambios
1. concluyen, concluye, concluimos, concluyes, concluyo
2. espía, espían, espía, espío, espiamos
3. actúa, actúas, actúan, actuamos, actúa

p. 131 Ex. B. Una relación ideal
1. influye
2. guían
3. continúa
4. incluye
5. contribuye
6. atribuimos
7. actúas
8. fían
9. confío
10. huyen

p. 133 Ex. A. Cambios
1. protege, protejo, protegemos, proteges, protege
2. recoge, recogen, recojo, recogemos, recoge
3. persigue, perseguimos, persiguen, persigo, persigues
4. permanecen, permanece, permaneces, permanecemos, permanezco
5. convenzo, convences, convencen, convence, convence

p. 133 Ex. B. Mi comportamiento
Answers will vary.
Possible answers:
1. No, no exijo mucho de mis amigos.

2. Sí, casi siempre sigo los consejos de mis padres.
3. Sí, distingo entre los buenos amigos y los malos amigos.
4. No, nunca convenzo a mis padres cuando quiero salir durante la semana.
5. Sí, obedezco las reglas de mi escuela.
6. Sí, elijo cuidadosamente a mis amigos.
7. Sí, pertenezco a una organización de lucha contra la contaminación ambiental.

p. 135 Ex. A. Situaciones
1. aplaudiendo, cantando, dando
2. afeitándose, lavándome, sirviendo
3. quejándose, pidiendo, sonriendo
4. viendo, leyendo, escribiendo
5. cayendo, diciendo, mintiendo
6. cantando, gritando, celebrando
7. corriendo, caminando, huyendo

p. 135 Ex. B. En progreso
1. están pidiendo
2. estás tomando
3. estoy haciendo
4. están leyendo
5. estamos vistiéndonos
6. sigue lloviendo
7. sigue acostándose
8. sigues sonriendo
9. siguen pensando
10. seguimos mirando
11. anda empezando
12. ando poniendo
13. ando bañándome
14. andan sentándose
15. andas jugando

p. 136 Ex. C. ¡Me vuelven loco!
Answers will vary.
Possible answers:
1. Cuando quiero estar tranquilo(a), ellos siguen escuchando música a todo volumen.
2. Cuando estoy deprimido(a), ellas andan festejando como si nada pasara.
3. Cuando mis amigos y yo estamos agotados, los profesores siguen dándonos tareas para hacer en casa.
4. Cuando mi profesor está preocupado, nosotros llegamos haciendo ruido.
5. Si mi madre está ansiosa, mi abuela viene quejándose.

p. 137 Ex. A. Cambios

1. nos despertamos, se despierta, me despierto, se despiertan, te despiertas
2. se prepara, me preparo, te preparas, nos preparamos, se preparan
3. se lavan, se lavan, se lava, se lava, nos lavamos
4. se queda, te quedas, nos quedamos, me quedo, se quedan
5. se acuesta, nos acostamos, se acuestan, se acuesta, te acuestas

p. 137 Ex. B. Actividades diarias

1. lava, se lava
2. viste, se viste
3. nos quitamos, quitamos
4. se peina, peina
5. acuesta, se acuesta
6. se bañan, bañan

p. 138 Ex. C. Preparaciones para cenar en un restaurante elegante

1. Mi papá se está afeitando en el cuarto de baño.
2. Mi hermano está lavándose la cara.
3. Mi abuelo está cepillándose los dientes en el baño.
4. Yo me estoy peinando delante del espejo.
5. Mi mamá está vistiéndose en su cuarto.

p. 138 Ex. D. Un encuentro en el parque

se encuentra, se parece, se visten, se acerca, se abrazan, decirse, se dan, me quedo, se levanta, se vuelve, nos reímos, se olvidan, se van

Unidad 4
Cómo expresar deseos y obligaciones

p. 141 Ex. A. ¡Estoy perdido!
Answers will vary.
Possible answers:

1. al correo
   Siga por esta calle tres cuadras. Cruce la calle San Francisco y allí está el correo.
2. al Fuerte San Felipe del Morro
   Siga por el Paseo de la Princesa y el Recinto Oeste hasta la calle Del Morro. Allí doble a la izquierda y verá el Fuerte.
3. al Museo Pablo Casals
   Camine por la calle Tetuán hasta llegar a la Avenida San José. Allí doble a la derecha y siga hasta cruzar la calle San Sebastián. El museo está sobre San Sebastián entre San José y Cristo.
4. a la catedral de San Juan
   Siga por la calle San Francisco hasta la calle Cristo. Allí doble a la derecha y verá la catedral a mano derecha.
5. a la Fortaleza
   Tome la calle Recinto Sur hasta el Paseo de la Princesa y doble a la derecha.

p. 142 Ex. B. Recomendaciones
Answers will vary.
Possible answers:

1. Hay muchos problemas en la escuelas. Aumente Ud. el presupuesto para la educación.
2. Hay mucha gente sin seguro de salud. Intente Ud. resolver ese problema.
3. Hay muchas personas sin hogar. Haga Ud. refugios para estas personas.
4. El costo de vida es excesivo. Tome Ud. medidas para mejorar esta situación.
5. La deserción escolar es altísima. Ayude a los chicos para que se queden en la escuela.
6. Hay pocos hospitales públicos. Recaude dinero para construir otros hospitales.

p. 142 Ex. C. Requisitos para formar parte del equipo

Answers will vary.
Possible answers:

1. Hagan todo lo que dice el entrenador.
2. Practiquen los fines de semana.
3. No falten a los entrenamientos.
4. Sean buenos compañeros.
5. No desobedezcan al capitán del equipo.
6. No sean malos perdedores.

p. 143 Ex. D. Lecciones de conducir

Answers will vary.
Possible answers:

1. No dobles a la derecha.
2. Para en la esquina.
3. Saca la mano e indica que vas a doblar.
4. Ve más despacio.
5. No tengas miedo.
6. No continúes por esta calle.
7. Deja pasar a ese hombre.
8. No dobles ahora.
9. Sigue derecho.
10. No seas agresivo.
1. Ten paciencia.
2. No te enojes.
3. Siempre lleva el cinturón de seguridad.

p. 144 Ex. E. Ayudando a un vecino

Answers will vary.
Possible answers:

1. Pon los envases de plástico en este recipiente.
2. Saca la basura para reciclar todos los viernes.
3. Separa los envases de plástico de los de aluminio.
4. Pon los periódicos aquí.
5. No mezcles la basura reciclable con la que no lo es.
6. Limpia los recipientes de basura una vez por mes.

p. 144 Ex. F. Sugerencias

Answers will vary.
Possible answers:

1. Pídele ayuda al profesor.
2. Diles que es más importante ser una buena persona.
3. Trata de cumplir con tus tareas.
4. Pídele otro pase a tu profesor(a).
5. Estudia los fines de semana.
6. Prepárate mejor para la próxima vez.

7. Diles que no sean exigentes.
8. Habla con el profesor de teatro.
9. Explícales lo que necesitas.
10. No vuelvas tarde de las fiestas.

p. 145 Ex. G. Consejos

Answers will vary.
Possible answers:

1. Trátalos con respeto.
2. Ayúdalos con los quehaceres.
3. Interésate por su trabajo.
4. Ofrécete para limpiar el garaje.
5. Obedece las reglas de la casa.
6. Demuestra que eres independiente y responsable.

p. 145 Ex. H. El fin de semana

Answers will vary.
Possible answers:

1. ¡Vamos al club! Hay un torneo de tenis.
2. ¡Hagamos una excursión a las montañas! Sería lindo pasar el día al aire libre.
3. ¡Preparemos un picnic! Es un día hermoso.
4. ¡Veamos esta película! Las críticas son muy buenas.
5. ¡Vamos a la playa! Es un día ideal para nadar.
6. ¡Demos una fiesta! Tengo muchas cintas nuevas.

p. 146 Deseos

1. ¡Que salgas bien!
2. ¡Que duermas mucho!
3. ¡Que lo pasen bien!
4. ¡Que se diviertan!
5. ¡Que viva el presidente!
6. ¡Que tengas mucha suerte!
7. ¡Que se sientan mejor!
8. ¡Que no sufras mucho!

p. 147 Ex. A. Obligaciones

1. Yo debo tratar a los adultos con respeto.
2. Yo no he de tomar drogas.
3. Yo tengo que llegar temprano a la escuela.
4. Es necesario estudiar regularmente.
5. Es preciso no usar violencia cuando tenemos problemas.
6. Hay que ayudar a los necesitados.
7. Hay que ahorrar dinero para el futuro.
8. Tengo que cumplir con las responsabilidades.
9. Es mejor no mirar demasiado la televisión.
10. Más vale leer libros regularmente.

p. 148 Ex. B. ¿Por qué...?

Answers will vary.
Possible answers:

1. ¿Por qué debes tratar a los adultos con respeto?
   Porque quiero que ellos me respeten a mí.
2. ¿Por qué no has de tomar drogas?
   Porque las drogas dañan la salud física y mental.
3. ¿Por qué tienes que llegar temprano a la escuela?
   Porque debo estar presente cuando empieza la clase.
4. ¿Por qué es necesario estudiar regularmente?
   Porque el estudio se hace más fácil.
5. ¿Por qué es preciso no usar violencia cuando tenemos problemas?
   Porque la violencia sólo conduce a más violencia.
6. ¿Por qué hay que ayudar a los necesitados?
   Porque al mejorar su situación mejora la situación de toda la sociedad.
7. ¿Por qué hay que ahorrar dinero para el futuro?
   Porque es bueno tener ahorros para contratiempos imprevistos.
8. ¿Por qué tienes que cumplir con las responsabilidades?
   Porque así demuestro ser independiente y confiable.
9. ¿Por qué es mejor no mirar demasiado la televisión?
   Porque la televisión no estimula la imaginación.
10. ¿Por qué más vale leer libros regularmente?
    Porque la lectura estimula la imaginación y la inteligencia.

p. 151 Ex. A. ¿Qué hacer?

Answers will vary.
Possible answers:

1. El director les ordena que ellos vayan al comedor de estudiantes.
2. Nosotros exigimos que ellos organicen una venta de pasteles.
3. Ella ordena que yo me quede en casa.
4. El entrenador exige que nos esforcemos más que nunca.
5. Tú me mandas que falte a clase para ir al doctor.
6. Yo necesito que tú me devuelvas el libro.

7. Yo te recomiendo que tú hagas las tareas.
8. Él pide que un estudiante vaya a buscar tizas.
9. Mi consejera recomienda que busque un trabajo de verano.
10. Yo quiero que él se recupere.

p. 152 Ex. B. Los consejos de los adultos

Answers will vary.
Possible answers:

1. Mi tío aconseja que trabaje durante el verano para ahorrar dinero.
2. Mi padre dice que vaya a una universidad cerca de mi ciudad.
3. Mi hermano mayor sugiere que vaya a la misma universidad que él.
4. Mis profesores insisten en que lea con cuidado las solicitudes.
5. Mi madre espera que elija una profesión que me guste.
6. Mi consejero recomienda que piense bien antes de escoger una carrera.

p. 152 Ex. C. Más recomendaciones

Answers will vary.
Possible answers:

1. Le sugiero que organice actividades para después de las clases.
2. Le pido que nos permita comer en los pasillos.
3. Le recomiendo que nos deje salir temprano los viernes.
4. Deseo que nos preparemos mejor para las competencias intercolegiales.
5. Le ruego que compre más computadoras para los estudiantes.
6. Le aconsejo que les aumente el sueldo a los profesores.
7. Le pido que hable más con los padres de los estudiantes.
8. Le recomiendo que nos ofrezca más clases de idiomas.

p. 152 Ex. D. ¡Tienes que cambiar!

1. Te sugiero que me devuelvas el dinero que te presto.
2. Te exigo que llegues a tiempo a nuestras citas.
3. Te ruego que no me critiques.
4. Espero que me prestes los apuntes cuando falto a la clase.

5. ¡Ojalá me esperes al salir de la clase!
6. Prefiero que no pases demasiado tiempo con otros amigos.
7. Te pido que me ayudes cuando tengo problemas con mi tarea.
8. Te recomiendo que contestes mis llamadas telefónicas a tiempo.

p. 153 Ex. E. Cosas de adultos
Answers will vary.
Possible answers:
1. Para conducir un coche es imprescindible que el conductor tenga licencia.
2. Para beber bebidas alcohólicas es necesario que los chicos tengan por lo menos 21 años.
3. Para ir a ver películas clasificadas R es menester que un adulto te acompañe.
4. Para tener un teléfono en tu cuarto es preciso que los jóvenes sean responsables.
5. Para quedarse en casa de un(a) amigo(a) durante el fin de semana es necesario que los chicos les pidan permiso a tus padres.
6. Para tener una tarjeta de crédito es mejor que seas juicioso en tus gastos.
7. Para tener un trabajo después de las clases más vale que seas buen estudiante.
8. Para tener su propio apartamento conviene que los jóvenes tengan un empleo seguro.
9. Para votar en las elecciones es necesario que los jóvenes tengan por lo menos 18 años.
10. Para tener un novio o una novia es recomendable que los jóvenes tengan madurez y responsabilidad.

p. 154 Ex. F. Obligaciones
Answers will vary.
Possible answers:
Más vale que tienda mi cama; Es preciso que saque la basura; Conviene que ayude a mi madre a lavar los platos; Es importante que ayude a mi hermanito con sus tareas.

p. 154 Ex. G. Situaciones
Answers will vary.
Possible answers:
1. Hemos de levantarnos más temprano. Tenemos que llegar más temprano a la escuela.

2. Debemos traer la comida de casa. No hay que comprar más comida en la escuela.
3. Llamemos a mi hermano. Vámonos ya mismo.
4. Conduzcan con cuidado. No beban alcohol en la fiesta.
5. Es preciso que nos prestes tus apuntes de clase. Conviene que nos quedemos estudiando en lugar de salir.
6. Es importante que nos pongamos ropa seca. Es recomendable que siempre lleves un paraguas.

p. 155 Ex. A. Mis padres
haga, hacen, vengan, tengo, regrese, vaya, se quede, cumple, nos llevamos, espere

p. 155 Ex. B. Ayudando a otros
devuelva, ha, devuelva, vas, pueda, soy, digo, te pongas, vea, ayude, pienses, ayudes

p. 156 Ex. C. Excusas
lleguemos, haga, dé, cree, puede, entremos, tomemos, pida

p. 156 Ex. D. Comprensión entre amigos
digas, es, sea, discuta, va, Tienes, oiga, te olvides, somos, se arregle

p. 157 Ex. A. Para evitar la situación
Answers will vary.
Possible answers:
1. a. Yo espero que ellas no se mojen.
   b. Diles que vayan a buscar un paraguas.
2. a. Les ruego que no se desesperen.
   b. Es necesario que mantengan la calma.
3. a. Es necesario que nos preocupemos por los desamparados.
   b. Organicemos una rifa para recaudar fondos.
4. a. Es importante que el gato baje del árbol.
   b. Más vale que saquemos al perro de aquí.
5. a. Ojalá que el campesino no se vuelva loco.
   b. Es necesario encontrar una solución.
6. a. Más vale que ella tenga más cuidado.
   b. Pídele que me traiga un quitamanchas.

7. a. Conviene que no deje la basura al aire libre.
   b. Es mejor sacar la basura por la mañana.
8. a. Sugiérele al chico que no monte bicicleta cerca del campo de béisbol.
   b. Te recomiendo que montes en bicicleta lejos de aquí.
9. a. Ella prefiere que no le den una sorpresa.
   b. Te aconsejo que le avises antes de organizar la fiesta sorpresa.
10. a. Yo les recomiendo que no beban cuando conducen.
   b. Les ruego que no conduzcan si han bebido alcohol.

p. 159 Ex. B.   Una carta

Answers will vary.
Possible answers:
Yo pienso que los jóvenes de hoy sufrimos presiones por todos lados. Por un lado, nuestros padres nos exigen que saquemos buenas notas, que estudiemos, que ayudemos en la casa y muchas cosas más. Por el otro, nuestros compañeros nos presionan para que hagamos las cosas que hacen ellos, aunque a veces no estén bien. ¿Qué me aconseja Ud.?

p. 159 Ex. C.   Un(a) amigo(a) exigente

Answers will vary.
Possible answers:
Ella me prohíbe que vea a mis otras amigas; Él me obliga a que lo acompañe hasta su casa; Ella desea que seamos inseparables; Él quiere que yo vaya a la misma universidad que él. (Etc.)

p. 159 Ex. D.   Para entrar en la universidad

Answers will vary.
Possible answers:
Es mejor que presentes solicitudes en varias universidades; Es imprescindible que saques buenas notas en los exámenes finales; Conviene que reflexiones muy bien sobre lo que quieres hacer; Es imprescindible que averigües sobre las becas disponibles; Es preciso que converses con tus padres antes de tomar una decisión. (Etc.)

p. 159 Ex. E.   Para llevar una vida sana

Answers will vary.
Possible answers:
Para llevar una vida sana hay que hacer ejercicio regularmente y comer alimentos con bajo contenido de grasa. También conviene tener una buena vida social y familiar para evitar el estrés. Es importante evitar los malos hábitos, como fumar y beber, que implican graves riesgos para la salud.

p. 159 Ex. F.   La unión hace la fuerza

Answers will vary.
Possible answers:
Es necesario que hagamos algo para ayudar a las personas sin hogar; Es imprescindible que nos ocupemos de mantener la limpieza de nuestra ciudad; Es recomendable que organicemos una asociación de vecinos.

p. 159 Ex. G.   Sugerencias para los turistas

Answers will vary.
Possible answers:
Conviene pagar todo con cheques de viajero; Es imprescindible llevar el pasaporte a todos lados; Es importante ir al museo temprano; Es recomendable almorzar en los restaurantes del centro de la ciudad; Si van a asistir a un partido de fútbol, es menester que compren las entradas con anticipación.

p. 159.   Sin rodeos...

Answers will vary.

p. 160.   En escena

1. Hay una tormenta y un barco de vela acaba de naufragar. Los hombres tratan de salvarse agarrándose de un tablón que flota en el agua.
2. Después de muchas horas, los hombres se encuentran solos, agotados y hambrientos en una isla desierta.
3. Uno de los hombres se pone a pescar mientras el otro construye una balsa.
4. Después ambos hombres se alejan de la playa para juntar leña. Ven un mono en un árbol y pelícanos en el cielo.
5. Cuando regresan a la playa, ven que los pelícanos se han comido todos los pescados.
6. Es importante que escondan su comida; Es necesario que salgan de la isla lo antes posible; Les aconsejo que no se alejen de la playa; Conviene que tomen turnos para fijarse si pasa un barco; Es preciso que traten de sobrevivir; Les recomiendo que vayan a pescar otra vez.

Etapa 4

Cómo expresar deseos y obligaciones

p. 164 Ex. A. Cambios
1. Salga por esa puerta.
2. Busque un taxi.
3. Dé la dirección al taxista.
4. Pague la tarifa en el puente.
5. Pague al taxista.
6. Pida un recibo al taxista.
7. Dé una propina.

p. 164 Ex. B. De niñero(a)
1. No hagan ruido.
2. No molesten.
3. Quédense en su cuarto.
4. Jueguen con sus juegos electrónicos.
5. No abran la puerta.
6. No usen el teléfono.
7. No sean impertinentes.
8. No saquen la bicicleta afuera.
9. Lean un libro de cuentos.
10. No se sienten en la escalera.
11. No jueguen con la televisión.
12. No pidan helado.
13. Acuéstense temprano.
14. Apaguen las luces antes de dormirse.

p. 165 Ex. C. Un programa de cocina
1. Hierva las espinacas.
2. Pique las cebollas.
3. Cocine las cebollas en el aceite.
4. Agregue la espinaca.
5. Añada sal y pimienta.
6. Saque la mezcla del fuego y ponga la mezcla en una bandeja para hornear.
7. Cubra la espinaca y las cebollas con queso rallado.
8. Cocine en el horno durante 30 minutos.

p. 166 Ex. D. En el avión
1. Presten atención a las instrucciones de seguridad.
2. Abróchense el cinturón.
3. No fumen en los lavatorios.
4. Aprieten el botón si necesitan ayuda.
5. Pongan el equipaje debajo del asiento.
6. No se levanten durante el aterrizaje.

p. 166 Ex. E. Una visita a un centro para ancianos
1. Cuelguen
2. Vayan
3. Sean
4. No se rían
5. Recojan
6. Sepan
7. Empiecen
8. No mientan
9. No estén
10. Den

p. 168 Ex. A. Sugerencias para perder peso
1. Ponte a dieta.
2. No comas entre comidas.
3. Come más vegetales.
4. Haz ejercicios.
5. Ve a un gimnasio.
6. Ten cuidado con los postres.
7. Camina a todas partes.
8. No eches mucha azúcar al café.
9. No compres chocolates.
10. Sal a caminar después de la cena.
11. Sé paciente.
12. Ven a visitar a mi doctor si tienes problemas.

p. 168 Ex. B. Según la estación
Answers will vary.
Possible answers:
1. En el invierno ponte un abrigo; hace mucho frío.
2. En el otoño no te pongas un traje de baño; hace fresco.
3. En el invierno no juegues en el parque; hace mucho frío.
4. En el verano no vayas a esquiar; no hay nieve.
5. En el verano lleva sandalias; hace calor.
6. En la primavera no lleves guantes de lana; no es necesario.
7. En el invierno no salgas a la calle sin gorro; puedes resfriarte.
8. En el verano usa crema bronceadora; el sol está muy fuerte.
9. En la primavera no uses el aire acondicionado; usa el ventilador.
10. En el otoño abre las ventanas; deja entrar la brisa.

11. En el verano apaga la calefacción; hace mucho calor.
12. En el otoño no vengas a visitarme sin paraguas; llueve mucho.

p. 169 Ex. C. Quejas
1. Póntelo.
2. No te sientes en esa silla.
3. No se lo cuentes.
4. Hazlos.
5. Acuérdate del libro.
6. Báñate antes de acostarte.
7. Péinate antes de salir.
8. No los invites a la fiesta.
9. Sé paciente con tus hermanos.
10. Ten cuidado al cruzar la calle.
11. No se la envíes.
12. Cómpramelo.

p. 170 Ex. D. Complaciendo a los padres
1. Llega a tu casa temprano.
2. Ve a limpiar el cuarto al regresar de la escuela.
3. Saca buenas notas.
4. Ayuda con los quehaceres.
5. No pierdas tus libros.
6. Recuerda lo que les gusta.
7. No mientas.
8. No te rías de otras personas.
9. Incluye a tus padres en tus decisiones.
10. Contribuye dinero para tus gastos.
11. Escoge bien a los amigos.
12. Recoge la ropa en tu cuarto.
13. Sal de compras con tus padres.
14. No vengas a visitarme sin su permiso.

p. 171 Ex. E. Sugerencias
1. Empieza a estudiar varios días antes.
2. Acuéstate temprano la noche anterior.
3. No te pongas nervioso(a).
4. Haz una lista de todos los temas que tienes que estudiar.
5. Repasa los apuntes.
6. Llega a tiempo.
7. Ven a la escuela a tiempo.
8. Trae suficientes lápices y bolígrafos.
9. Lee las instrucciones con cuidado.
10. Adivina cuando no sepas las respuestas.
11. Diles a tus hermanos que tienes un examen.
12. No bebas café antes del examen.

p. 172 Ex. F. César y Enrique están en Barcelona
1. Regresad
2. No vayáis
3. Pedid
4. No toméis
5. No os durmáis
6. Acordaos
7. Fijaos
8. No os preocupéis

p. 173 Una merienda
1. Vamos a preparar una ensalada de papas.
2. Vamos a hacer bocadillos.
3. Vamos a llevar servilletas.
4. Vamos a comprar pollo frito.
5. No olvidemos los cubiertos.
6. Llevemos esta cesta.
7. Pongamos varias botellas de agua en esa bolsa.
8. Pidámosle algunas cintas a Santiago.
9. Preparemos una limonada.
10. No saquemos los refrescos de la nevera hasta el último momento.

p. 174 Ex. A. Cambios
1. laven, laven, laves, lave
2. barra, barramos, barra, barras
3. pulamos, pula, pula, pula
4. meta, metan, meta, metas
5. abras, abramos, abra, abran
6. pinten, pintemos, pinte, pinte

p. 174 Ex. B. Una excursión
1. llamemos
2. mandes
3. reunamos
4. llevemos
5. repartan
6. regresemos
7. confirmes
8. asista

p. 175 Ex. C. Un(a) amigo(a) tiene un resfriado
1. guardes
2. bebas
3. tome
4. te bañes
5. corras
6. llames
7. te mejores

p. 176 Ex. A. Conexiones

1. oiga, construya, valga
2. ofrezca, disponga, traiga
3. traduzca, obtenga, convenga
4. bendiga, distraiga, posponga
5. deshaga, entretenga, atraiga

p. 176 Ex. B. Combinaciones

Answers will vary.
Possible answers:

1. Tu madre desea que tú conduzcas con mucho cuidado.
2. Nosotros preferimos que tú hagas los planes cuidadosamente.
3. Yo deseo que tú vengas muy contento de tus vacaciones.
4. Tus abuelos obligan que tú sepas todos los números de emergencia.
5. Nosotros exigimos que tú regreses a la casa temprano.
6. Tu madre hace que tú seas disciplinado.
7. Yo prefiero que tú no veas películas muy violentas.
8. Tus abuelos permiten que conozcas la ciudad bien.
9. Nosotros preferimos que no vayas a restaurantes caros.
10. Tus abuelos desean que tengas más paciencia.

p. 177 Ex. C. El proceso para entrar a la universidad

1. exige, estemos
2. recomiendan, lea
3. sugerimos, vaya
4. Es, termines
5. vale, seamos
6. Es, sepa
7. ordena, estés
8. quieren, estemos
9. Conviene, dé
10. dejas, pongan

p. 178 Ex. A. Cambios

1. pienses, piense, piense, piensen, piense
2. pida, pidamos, pida, pida, pidas
3. entienda, entiendas, entiendan, entienda, entiendan
4. resuelvan, resuelva, resolvamos, resuelvan, resuelvas
5. se rían, se rían, te rías, se ría, se rían
6. mienta, mienta, mientan, mientan, mintamos

p. 178 Ex. B. Frases incompletas

Answers will vary.
Possible answers:

1. Ojalá que ellas se sientan bienvenidas.
2. Más vale que nosotros no perdamos el tiempo con tonterías.
3. Es menester que nosotros nos llevemos bien con todos.
4. Es importante que tú defiendas tus principios.
5. Es mejor que ellas devuelvan los libros a tiempo.
6. Más vale que Isabel recuerde las reglas del grupo.
7. Es mejor que tú no les mientas a tus amigos.
8. Es importante que yo me despida antes de salir.
9. Ojalá que ella no juegue a juegos violentos.

p. 179 Ex. A. Cambios

1. extingamos, extinga, extingan, extinga, extingas
2. entregue, entreguemos, entreguen, entregues, entregue
3. escojas, escojamos, escojan, escoja, escoja
4. empiece, empiece, empecemos, empiecen, empieces
5. convenzas, convenza, convenza, convenzamos, convenzan
6. averigüen, averigües, averigüe, averigüemos, averigüe

p. 179 Ex. B. Respuestas a situaciones

1. Mi mamá quiere que yo saque la basura.
2. Ellos esperan que la policía investigue.
3. Él desea que nosotros escojamos buenas lechugas.
4. El profesor prohíbe que nosotros lleguemos tarde.
5. El guía sugiere que nosotros almorcemos allí.
6. Yo recomiendo que nosotros sigamos por esta calle.
7. El bibliotecario aconseja que Ud. busque otro.

8. Ojalá que ellos venzan a los rebeldes.
9. Ella pide que nosotros juguemos en el patio.
10. Nosotros preferimos que Uds. practiquen más.
11. Ella insiste en que yo la abrace.
12. Ellos esperan que no llueva.

p. 180 Ex. A. La salud

1. haya visitado   2
2. hayamos venido 2
3. se haya mejorado 2
4. hayas podido 2
5. haya dejado   2
6. se haya roto   2
7. haya terminado   2
8. se haya recuperado

/16

p. 181 Ex. B. La cita

1. Rolando espera que ella se haya vestido temprano.
2. Los padres de Elena insisten en que ella haya hecho su tarea antes de salir.
3. Sus padres prefieren que ella les haya dicho la hora de regreso antes de salir.
4. Le piden que ella les haya presentado al chico antes de salir.
5. Es mejor para Elena que ella haya invitado a otras amigas.
6. Rolando desea que los padres no hayan puesto muchas limitaciones.

Unidad 5

La narración y la descripción en el futuro: cómo expresar emoción, duda, negación, probabilidad o conjetura

p. 185 Ex. A. Guía para pacientes y padres

recibirá, mostrará, tendrá, será, hará, mantendrá, discutirá, participarán, se reunirá, será, estará, podrá, ayudarán, serán, hablará, ayudará, dará, organizará

p. 186 Ex. B. ¡Última noticia!
Answers will vary.
Possible answers:

1. Habrá mucha gente demorada en el aeropuerto.
2. Mucha gente estará muy enojada.
3. Los inversionistas estarán muy nerviosos.
4. Ya estarán pensando cómo gastarán el dinero.
5. Las autoridades estarán preocupadas.
6. Serán computadoras muy veloces.

p. 187 Ex. C. Al final del año escolar
Answers will vary.
Possible answers:
Nuestro curso de español terminará el 15 de septiembre; Después de la última clase, mis amigos y yo iremos a celebrar a un restaurante de comidas rápidas; Nuestro(a) profesor(a) de español vendrá con nosotros.

p. 187 Ex. D. Mis planes para el verano
Answers will vary.
Possible answers:

1. Si salgo bien en mis clases, yo les pediré a mis padres una nueva bicicleta.
2. Si mis amigos quieren acompañarme, nosotros iremos a un concierto de rock.
3. Si consigo un trabajo bueno, yo ahorraré para comprarme una computadora.
4. Si no hace buen tiempo, mis amigos vendrán a mi casa a ver vídeos.
5. Si al final del verano tengo suficiente dinero, yo lo pondré en una cuenta de ahorro.

p. 188 Ex. E.   Preparativos

Answers will vary.
Possible answers:
1. Mañana voy al aeropuerto a esperar a los nuevos estudiantes.
2. Ellos llegan a las once de la mañana.
3. Ellos van a estar muy cansados del viaje.
4. Zulema preparará un pastel para recibirlos.
5. El profesor les mostrará la ciudad.
6. Ellos van a pasarla muy bien.

p. 188 Ex. F.   Planes

Answers will vary.
Possible answers:
1. Yo sueño con viajar por todos los países hispanos.
2. Manuel quiere casarse y tener tres hijos.
3. Susana piensa ir a la universidad.
4. Mis amigos quieren aprender a usar la computadora.
5. Yo prefiero conseguir trabajo.
6. Mis amigos sueñan con vivir en París.
7. Yo quiero ser médica.
8. Él prefiere vivir en el campo.

p. 188 Ex. G.   ¡De vacaciones!

Answers will vary.
Possible answers:
1. Espero escoger la ropa apropiada.
2. Pienso hacer las maletas esta noche.
3. Mi papá va a cancelar la entrega del periódico.
4. Mi hermana llevará los perros a la casa del vecino.
5. Yo voy a llenar el tanque de gasolina del coche.
6. Mamá quiere preparar una canasta con comida.
7. Mi hermanito piensa llevar su osito de peluche.
8. Mis padres quisieran hablar con mi abuela antes de salir.

p. 189 Ex. A.   Para entonces...

Answers will vary.
Possible answers:
1. Para mañana, yo ya habré terminado de preparar el informe.
2. Para el año 2025, mis amigos y yo ya nos habremos graduado de la universidad.
3. Para el fin de año, mis padres ya habrán terminado de pintar la casa.

4. Para la semana próxima, mi amiga ya habrá vuelto de vacaciones.
5. Para el próximo junio, mis profesores habrán enseñado muchas cosas nuevas.
6. Para el año que viene, el presidente de los EE.UU. habrá terminado su presidencia.
7. Para las próximas elecciones, los políticos habrán encontrado una solución para este problema.

p. 190 Ex. B.   Posibles explicaciones

Answers will vary.
Possible answers:
1. Nos habremos perdido la explicación del/de la profesor(a).
2. Ella habrá estado enojada con él.
3. Habrá llovido mucho.
4. Habrá hablado con mi abuela.
5. Habrán salido muy apurados.
6. Habrán estado en el cine.
7. Se les habrán olvidado las maletas.

p. 191 Ex. A.   Cuando sea presidente...

Answers will vary.
Possible answers:
1. Me sorprende que me hayan elegido a mí.
2. No creo que pueda hacer todo lo que quiero hacer.
3. Es justo que nosotros los estudiantes participemos en las decisiones que nos afectan.
4. Es probable que me reúna con el director.
5. Me alegro de que mis compañeros piensen como yo.
6. Es cierto que tenemos mucho trabajo por hacer.
7. Dudo que podamos lograr nuestras metas sin esfuerzo.
8. No hay duda de que la unión hace la fuerza.
9. Es obvio que vamos a tener que luchar por nuestros ideales.
10. No pienso que el director haga cambios sin consultar con nosotros.

p. 192 Ex. B.   El próximo capítulo

Answers will vary.
Possible answers:
1. Dudo que la suegra sea una buena persona.
2. No creo que el Sr. Mirabal haya robado el dinero.
3. No pienso que él hable con su suegra.

4. Me alegro de que la Sra. Mirabal esté encinta.
5. Puede ser que la suegra tenga razón.
6. Es una lástima que ellos no se lleven bien.
7. Parece mentira que ellos tengan tanta mala suerte.
8. Es absurdo que ellos no se hayan mudado a otra ciudad.

p. 193 Ex. C. Inseguridades

Answers will vary.
Possible answers:

1. ¿Dudas de que me haya preparado bien?
   No, me sorprende que te hayas preparado solo(a).
2. ¿No piensas ayudarme a repasar?
   Sí, es obvio que te vendrá bien un repaso.
3. ¿Crees que saldré entre los primeros?
   No sé. Es importante que termines entre los finalistas.
4. ¿No piensas que yo esté demasiado nervioso(a)?
   Es preciso que te tranquilices.
5. ¿No crees que yo vaya a hacer un buen papel?
   Claro que harás un buen papel. Me alegra que tú representes a nuestra escuela.

p. 193 Ex. D. Una reunión familiar

Answers will vary.
Possible answers:

1. Yo me alegro de que mis tíos hayan podido venir.
2. Es obvio que mis primos no se llevan bien.
3. Es curioso que mis tíos Santiago y Ramiro no se dirijan la palabra.
4. Nos sorprende que mi primito Luis haya crecido tanto.
5. Tengo miedo de que mis parientes se quieran quedar más días.
6. Estamos contentos de que todos en la familia estén saludables.
7. Siento que mi prima Josefina no haya podido venir.
8. Estoy seguro de que nos volveremos a reunir.

p. 195 Ex. A. En clase

Answers will vary.
Possible answers:

1. El Sr. Vega explica despacio la lección de modo que todos los alumnos entiendan.
2. Los estudiantes siempre hablan entre sí antes de que empiece la clase.
3. Esos estudiantes allí están repasando sus apuntes en caso de que el profesor les haga preguntas.
4. Siempre hay tarea a menos que tengamos exámenes.
5. Los consejeros permiten algunos cambios en el programa de estudios con tal que los alumnos estén contentos.
6. Yo siempre traigo mi calculadora para que me salgan bien las cuentas.

p. 195 Ex. B. Condiciones y más condiciones

Answers will vary.
Possible answers:

1. Mis padres me regalarán un coche una vez que consiga entrar a la universidad.
2. Saldré mejor en mis clases cuando tenga más tiempo para estudiar.
3. Trataré de conseguir mi licencia para conducir tan pronto como pueda.
4. Actuaré en la obra de teatro de la escuela a condición de que me permitan escoger mi papel.
5. Comeré en la cafetería de la escuela a menos que tú me invites a almorzar.
6. Devolveré los libros de la biblioteca a tiempo a menos que los necesite más tiempo.
7. Mantendré mi cuarto limpio una vez que terminen los exámenes.
8. Ayudaré con los quehaceres de la casa una vez que acabe este programa de televisión.

p. 196 Ex. C. Contratiempos

Answers will vary.
Possible answers:

1. Espero que sea lo mejor para los dos. Quizás en el futuro nos volvamos a encontrar.
   Pasará un tiempo antes de que lo/la pueda olvidar.

2. Ojalá que no sea un examen muy difícil.
   No creo que mis padres me dejen faltar a clase ese día.
   Espero poder estudiar lo suficiente.
3. No comeré más chocolates hasta que adelgace.
   El doctor me aconseja que haga ejercicio.
   Tal vez deba inscribirme en un gimnasio.
4. Ojalá que sea ordenado(a).
   No quiero que toque mis discos.
   Prefiero que no venga.
5. No podremos viajar hasta que abran el aeropuerto.
   A no ser que ocurra un milagro, no podremos viajar.
   El agente de viajes hará los trámites de manera que podamos viajar más adelante.

p. 196 Ex. D. En mi opinión
Answers will vary.
Possible answers:
1. No habrá paz en el mundo hasta que todos los países renuncien a la violencia y dejen de producir armamentos.
2. Tal vez encuentren una cura para el SIDA cuando descubran el origen del virus y cuando desarrollen una vacuna.
3. Habrá personas sin casa a no ser que el gobierno y las comunidades hagan algo para ayudarlas.
4. Necesitamos más cárceles a menos que disminuya el crimen y mejore el sistema de justicia.
5. Se acabará el racismo en cuanto aprendamos a tolerar las diferencias y disfrutemos de vivir juntos.
6. No se acabará el tráfico de drogas sin que pongan presos a los traficantes y disminuya el consumo.
7. Tendremos servicio militar obligatorio para que los ciudadanos tengan preparación militar y el país pueda defenderse.
8. Seguirá la corrupción del gobierno mientras la justicia no actúe y el pueblo no reclame sus derechos.

p. 199 Ex. A. No hay nadie que...
1. No hay nadie que sepa bailar el tango.
2. No encuentran a nadie que sepa traducir al francés.

3. No conocemos a nadie que beba tanta leche.
4. No hay nadie que cocine tan bien como él.
5. No conozco a nadie que te pueda ayudar con la fiesta.

p. 200 Ex. B. Cosas que desconozco
Answers will vary.
Possible answers:
1. Busco a alguien que sepa alemán.
2. Necesito a alguien que entienda matemáticas.
3. Busco a alguien que me pueda ayudar con la tarea de español.
4. Necesito a alguien que sepa de plomería.
5. Necesito una cinta que tenga música bailable.

p. 200 Ex. C. ¿Qué buscan?
Answers will vary.
Possible answers:
1. Se busca un(a) secretario(a) que sepa mecanografía, taquigrafía y francés. Es imprescindible que tenga conocimientos de computación, experiencia.
2. Se busca un(a) arquitecto(a) que tenga interés en construir viviendas de bajo costo. Es necesario que pueda viajar con frecuencia.
3. Se busca un(a) profesor(a) de música. Es importante que toque el piano y la guitarra. Es importante que le gusten los niños.
4. Se busca un(a) policía que posea conocimientos de español. Es menester que tenga por lo menos diez años de experiencia.
5. Busco un biólogo(a) que sepa manejar programas estadísticos complejos. Es imprescindible que haya trabajado previamente en un laboratorio.
6. Busco un taxista que conozca bien la ciudad de Los Ángeles. Prefiero que domine el inglés y el español.
7. Busco un(a) consejero(a) a quien le interese trabajar con estudiantes de secundaria. Es imprescindible que tenga experiencia con solicitudes universitarias.
8. Se busca periodista deportivo que sepa de fútbol internacional y quiera escribir una columna semanal.

p. 201 Ex. D. Un semestre en mi ciudad

Answers will vary.
Possible answers:

1. En mi ciudad lo pasas bien adondequiera que vayas.
2. Si necesitas ayuda, le puedes preguntar a quienquiera que pase por la calle.
3. Generalmente aceptan tarjetas de crédito en cualquier restaurante que esté ubicado en el centro de la ciudad.
4. Te sentirás muy a gusto dondequiera que pasees.

p. 202 Ex. E. Problemas de un político

Answers will vary.
Possible answers:

1. Por mucho que lo acusen, no podrán probar nada.
2. Por poco que lo apoyen, él ganará las elecciones.
3. Por mucho que quiera disimularlo, es obvio que en su familia hay problemas.
4. Por mucho que lo niegue, eso es un problema muy serio.
5. Por poco que vaya a las votaciones, lo que importa es el resultado de las elecciones.
6. Por mucho que le pregunten, nunca responde claramente.

p. 202 Ex. A. Resultados

1. Te voy a prestar el libro cuando lo necesites.
2. Cómete el sándwich antes de que regrese el profesor.
3. Pasa por mi casa después de que termines el examen.
4. Visitaré Barcelona tan pronto como tenga dinero.
5. Me pondré las botas luego que empiece a llover.
6. No te molestaré mientras estés con tus amigos.
7. Siéntate aquí de modo que puedas ver mejor.
8. Te llamaré en cuanto llegue a mi casa.
9. Quédate en la esquina hasta que regresemos.
10. La saludaré cada vez que la vea.

p. 203 Ex. B. Respuestas

Answers will vary.
Possible answers:

1. Sí, se la escribiré a menos que ella me llame por teléfono.
2. Sí, saldré sin que el director se dé cuenta.
3. Sí, la vamos a buscar a fin de que podamos mudarnos pronto.
4. Sí, la voy a recoger antes de que mi padre me lo pida otra vez.
5. Voy a acompañarla para que ella no se sienta sola.
6. Claro, me lo darán con tal de que yo pague las cuotas todos los meses.
7. Sí, lo voy a poner a no ser que tú no estés de acuerdo.
8. Las cierro en caso de que llueva.
9. En el armario, sin que mi hermanito me vea.
10. Te las damos a condición de que tú manejes con cuidado.

p. 204 Ex. C. ¿Indicativo o subjuntivo?

1. salgo
2. quieran
3. hayamos
4. sirva
5. vino
6. prefiera
7. salga
8. se enteraron
9. digas
10. durmamos
11. sean
12. hayas
13. miraba
14. estés
15. regresen

p. 204 Ex. D. Situaciones

1. llegues, consiga, estar, llegue, te preocupes, me olvide, quiero estar
2. hay, entreguemos, vayamos, terminar, limpie, paguen, debes
3. andan, quiere, quiere, pierda, estudiar, cambie, decida, necesite, regresen
4. vea, vaya, salgo, necesito, juegue, empiecen, viene, se entretengan, trate
5. hayas, venir, llames, vengo, llames, tratemos

p. 206 Ex. E. Una carta corta

haya estado, tiene, recibas, pienses, podamos, tiene, termine, estés, van, lleguen, tengas, visites, haga, sepa, debes

p. 206 Ex. A. Planes para el futuro

Answers will vary.
Possible answers:
Yo tengo muchos planes para mi futuro. Durante mis años universitarios, además de estudiar, quiero viajar y conocer el mundo. Cuando me gradúe de la universidad, espero conseguir un trabajo que me permita ahorrar dinero. Sueño con comprarme una casa muy grande.

p. 207 Ex. B. El futuro del mundo

Answers will vary.
Possible answers:
Si las cosas siguen así, el futuro del mundo es muy preocupante. Temo que se extingan muchas especies de animales. No estoy segura de que podamos resolver los problemas del medio ambiente. Es claro que los gobiernos aún no se ponen de acuerdo sobre cómo mantener la paz mundial.

p. 207 Ex. C. La juventud del futuro

Answers will vary.
Possible answers:
Yo pienso que los jóvenes del futuro tendrán muchas oportunidades. La tecnología pondrá a su disposición cosas que hoy ni nos imaginamos. Ellos tendrán muchas facilidades para estudiar y lograr sus metas. En el futuro los jóvenes podrán viajar por todo el mundo y obtener experiencias maravillosas.

p. 207 Ex. D. Situaciones

Answers will vary.
Possible answers:
1. Es probable que sus padres no sepan lo que están haciendo los niños.
   Nosotros tememos que los chicos se enfermen.
   Es evidente que después de jugar ellos tendrán que bañarse.
2. Siento que el chico se haya caído.
   ¿Crees que sus amigos lo vayan a ayudar?
   Es una lástima que él no lleve casco ni rodilleras.

3. Parece mentira que alguien piense que esto es gracioso.
   Pienso que la chica no podrá dormir esta noche a menos que tome un sedante.
   No perdonará a la persona que le envió el paquete por chistosa que se crea.
4. Los marcianos buscan seres humanos que no se asusten de ellos.
   ¿Hay alguien que comprenda lo que dicen los marcianos?
   No hay duda de que ellos sean amistosos.
5. Estoy seguro(a) de que los padres están hartos.
   Los chicos seguirán peleando hasta que alguien los separe.
   Los padres deberían parar el coche antes de que los chicos se lastimen.
6. Me sorprende que el chico tire un papel en la calle.
   Es cierto que en algunas ciudades grandes la gente es descuidada.
   No hay basureros de manera que la gente pueda tirar los papeles.
7. Los amigos del chico deben hablar con él cada vez que él prenda un cigarrillo.
   Es triste que tantos jóvenes fumen.
   Me alegro de que las leyes protejan a los niños de la publicidad de tabaco.
8. Es obvio que ese señor no se puso protector solar.
   Le va a doler dondequiera que él se toque.
   Él debe regresar a su casa tan pronto como pueda.

p. 210 Ex. E. Aprensiones

Answers will vary.
Possible answers:
Espero que los profesores sean comprensivos; Tengo miedo de que el programa de estudios sea demasiado exigente; Pienso que tendré que esforzarme mucho. (Etc.)

p. 210 Ex. F. Los cambios en mi comunidad

Answers will vary.
Possible answers:
Siento que en mi comunidad hay mucho por hacer; No es justo que no ayuden a los desamparados; Es absurdo que la policía llegue tarde. (Etc.)

p. 210 Ex. G. Mis expectativas

Answers will vary.

Possible answers:

Dentro de 10 años habré terminado mis estudios. Espero que para entonces ya estaré trabajando como arquitecto(a). Es posible que me vaya a vivir un tiempo a España para mejorar mi dominio del idioma. Es dudoso que para entonces me haya casado, pero espero haber conocido al hombre/la mujer de mi vida.

p. 210 Sin rodeos...

Answers will vary.

p. 211 En escena

1. Los chicos temen que la contaminación arruine el planeta.
2. Hubo un accidente nuclear y los chicos se encuentran solos en un mundo abandonado y triste.
3. De repente, aterriza una nave espacial llena de extraterrestres amistosos.
4. Los extraterrestres quieren llevar a los chicos a su planeta.
5. Después de un largo viaje, la nave espacial aterriza en un planeta desconocido.
6. Unos meses después, los chicos se han adaptado a la vida en Narubu. Ellos siembran plantas terrestres. Tan pronto como puedan, ellos regresarán a la tierra, con estas plantas. Me alegro de que ellos vayan a empezar un nuevo mundo.

Etapa 5

La narración y la descripción en el futuro: cómo expresar emoción, duda, negación, probabilidad o conjetura

p. 214 Ex. A. Cambios

1. dirá, dirán, dirá, dirás, dirá
2. dará, daremos, dará, darán, daré
3. podrá, podrás, podrán, podrá, podrá
4. valdrán, valdrá, valdrán, valdrá
5. llegará, llegaré, llegaremos, llegarán, llegarán
6. asistiremos, asistirá, asistiré, asistirás, asistirán
7. sabrán, sabrás, sabré, sabremos, sabrá
8. iremos, irá, iré, irás, irán
9. hará, haré, haremos, harás, harán
10. me quejaré, te quejarás, se quejarán, nos quejaremos, se quejará

p. 214 Ex. B. Suposiciones

1. llamará
2. Estará
3. vendrá
4. tendrán
5. Habrá
6. será

p. 214 Ex. C. Conclusiones

1. compraré, usarán, buscarán, compondrá
2. jugaremos, iré, te quedarás, harán
3. querrán visitar, iremos, podrán, correrá
4. invitaremos, tendrá, valdrá, Será

p. 215 Ex. A. Para entonces

1. habré escrito, habrán escrito, habremos escrito, habrás escrito, habrá escrito
2. nos habremos graduado, se habrán graduado, se habrán graduado, te habrás graduado, me habré graduado
3. habrán resuelto, habrá resuelto, habré resuelto, habrán resuelto, habremos resuelto
4. habrá descubierto, habremos descubierto, habrás descubierto, habrá descubierto, habrá descubierto

5. habrá impuesto, habrán impuesto, habrán impuesto, habrá impuesto, habrá impuesto
6. habrá propuesto, habrán propuesto, habremos propuesto, habrás propuesto, habrán propuesto
7. habrán solucionado, habrá solucionado, habrán solucionado, habremos solucionado, habré solucionado

p. 216 Ex. B. Demasiado tarde
1. No, para el lunes ya habré salido de vacaciones.
2. No, para la semana próxima ya habré terminado el informe.
3. No, para mañana ya habré visto la obra.
4. No, para esta tarde ya habré pagado el préstamo.
5. No, para el miércoles ya nos habremos ido al campo.

Unidad 6
La narración y la descripción en el pasado (III)

p. 219   Situaciones
1. lleve, ayuden, necesito, haya, busques, hay, tenga, continúe, encuentre, es (sea), está (esté), vayas, vengas, traigas, termine, eres, llegue, estés, pienso, estés
2. trates, da, pueda, veo, haga, son, actúa, hable, empiece, asista, se tranquilice, tema, traten, haga, tengamos, sepan, se enfaden, tiene, diga, se enteren, vea, quiera, nos divertimos, encuentre

p. 222 Ex. A. Pasajes
1. me sentía, fuera, veía, echaba, llegara, vendía, diera, cambiara, tomara, se encontrara, vendiera, saliera, se pusiera, se enojara, estuviera, supiera
2. fuera, iba, gustaban, supiera, quisiera, estuviera, hubiera, era

p. 223 Ex. B. Muchas cosas han cambiado en tu escuela
Answers will vary.
Possible answers:
1. Mis amigos y yo no creíamos que los otros estudiantes fueran a obedecer las nuevas normas.
2. Los profesores dudaban que los padres estuvieran de acuerdo con los cambios.
3. El director nos aconsejó que cuidáramos la pintura nueva.
4. Al principio, prohibieron que los estudiantes comieran en el patio.
5. Yo les pedí a mis amigos que ellos ayudaran a mantener limpio el gimnasio.
6. Había sido necesario que todos trabajáramos para renovar la escuela.
7. Nos alegró mucho que los estudiantes más jóvenes jugaran en un lugar limpio y seguro.
8. Fue preciso que la comida en la cafetería fuera más sana.

p. 223 Ex. C. Problemas durante una ausencia

Answers will vary.
Possible answers:

1. Le pidieron que no saliera hasta que él no hubiera terminado sus tareas.
2. Le dijeron que llamara a los vecinos en cuanto él tuviera algún problema.
3. Antes de salir, ellos fueron de compras al supermercado a fin de que él tuviera comida.
4. Dejaron todos los números de teléfono en caso de que él necesitara ayuda.
5. Les dieron la llave de la casa a unos vecinos con tal de que ellos regaran las plantas.
6. Le rogaron que cerrara la puerta cada vez que él y sus amigos entraran o salieran de la casa.

p. 224 Ex. D. ¡Qué pena!

Answers will vary.
Possible answers:

1. Los padres de Bernardo no esperaban que él diera una fiesta para sus amigos.
2. Ellos no creían que Bernardo y sus amigos fueran a romper los platos.
3. Fue una lástima que los vecinos no les avisaran.
4. Parecía mentira que sus amigos fueran tan mal educados.
5. No le permitieron ir al cine hasta que él ahorrara el dinero para pagar por los platos.
6. Dijeron que no lo dejarían solo otra vez a no ser que él demostrara ser responsable.

p. 224 Ex. E. Un aventurero de cuatro años

1. estuvo
2. se diera
3. supo
4. quedarse
5. supiera
6. volviera
7. pasara
8. asustar
9. es
10. se enojaran

p. 226 Ex. A. Yo actuaría de una manera diferente...

Answers will vary.
Possible answers:

1. gasta, fuera, ...no gastaría tanto dinero.
2. hace, necesitaran, ...también los ayudaría.
3. jugamos, hiciera, ...irías al cine.
4. compran, tuvieran, ...sólo se comprarían cosas para ellas.
5. se aprovecha, hubiera, ...podríamos ir de compras.

p. 226 Ex. B. En un mundo perfecto...

Answers will vary.
Possible answers:

1. Si yo fuera presidente de los Estados Unidos, fomentaría la exploración del espacio.
2. Si mis amigos tuvieran mucho dinero, me invitarían a viajar con ellos.
3. Si mis padres fueran más comprensivos, no pelearíamos tanto.
4. Si tú bailaras bien, podríamos competir en un concurso.
5. Si mis profesores ganaran más dinero, trabajarían más a gusto.
6. Si mis amigos y yo estuviéramos de vacaciones, iríamos a la playa.
7. Si mi profesor(a) de español no diera tantos exámenes, yo tendría más tiempo para estudiar otras materias.
8. Si hubiera más generosidad en el mundo, no habría tanta pobreza.
9. Si nosotros no tuviéramos que asistir a la escuela, jugaríamos todo el día.
10. Si yo pudiera vivir en una isla desierta, me quedaría allí para siempre.

p. 227 Ex. C. Errores de la vida

Answers will vary.
Possible answers:

1. Yo perdí mucho tiempo. Si no hubiera jugado tantos juegos de video, habría aprendido más cosas útiles.
2. Mis amigos sacaron malas notas en los exámenes. Si ellos hubieran estudiado más, habrían sacado buenas notas.
3. Mis padres perdieron mucho dinero. Si ellos no hubieran invertido en la bolsa, no habrían perdido tanto dinero.

4. Yo choqué el auto de mis padres. Si hubiera sido más prudente, no habría chocado el auto.
5. Mi hermana se peleó con su mejor amiga. Si mi hermana hubiera sido más comprensiva, ellas no se habrían peleado.
6. El/La profesor(a) de español no explicó bien los verbos irregulares. Si él/ella los hubiera explicado mejor, yo habría salido mejor en el examen.

p. 228 Ex. D. Personas que viven todavía

Answers will vary.
Possible answers:
1. Si hubiera conocido a Don Quijote, le habría preguntado por qué atacó los molinos de viento.
2. Si hubiera conocido a la princesa Diana, le habría pedido un autógrafo.
3. Si conociera a Fidel Castro, le pediría que me explicara los problemas de su país.
4. Si hubiera conocido a Martin Luther King Jr., le habría expresado mi admiración.
5. Si hubiera conocido a Hamlet, le habría contado la historia de mi vida.
6. Si conociera al presidente de los Estados Unidos, le pediría que trabajara por la paz mundial.
7. Si conociera a Bill Gates, le pediría un préstamo.
8. Si conociera a Michael Jackson, le cantaría las canciones que yo he compuesto.

p. 228 Ex. E. Lo que habrías hecho

Answers will vary.
Possible answers:
1. No fui a la luna. Si hubiera ido a la luna, habría sido muy famoso(a).
2. No me saqué el premio gordo de la lotería. Si me hubiera sacado el gordo, me habría comprado una mansión.
3. No conseguí un buen trabajo el verano pasado. Si hubiera conseguido un buen trabajo, habría ahorrado más dinero.
4. No tuve una cita con Brad Pitt. Si hubiera tenido una cita con él, la habría pasado de maravilla.
5. No jugué bien el último partido. Si hubiera jugado bien, mi equipo habría ganado el campeonato.

6. No tuve mucha suerte en el último examen de español. Si hubiera tenido más suerte en el último examen de español, habría salido mejor.
7. Si hubiera sido más generoso con mis amigos, ellos no se habrían enojado conmigo.
8. No me acordé del cumpleaños de mi amigo. Si me hubiera acordado, le habría comprado un regalo.

p. 229 Ex. F. La gente es muy extraña

Answers will vary. Possible answers:
1. Mi profesor de español miró por la ventana como si estuviera preocupado.
2. La semana pasada mis padres me regañaron como si yo fuera un(a) niño(a).
3. Mi mejor amigo actuó como si yo no existiera.
4. Mis vecinos salieron a la calle gritando como si hubiera un incendio.
5. El/La profesor(a) de educación física nos exigió como si fuéramos atletas profesionales.

p. 231 Ex. A. Nosotros, no

1. podría
2. querría
3. impedirían
4. ayudaría
5. recibiría
6. se enfermaría
7. moriría
8. cambiaría
9. haría
10. crearía

p. 232 Ex. B. Reflexiones

Answers will vary. Possible answers:
1. Yo buscaría un lugar seguro.
   Los niños se asustarían.
   Tú tratarías de llegar a casa cuanto antes.
2. Yo iría a buscar más refrescos.
   Mis amigos compartirían los refrescos.
   Uds. traerían agua.
3. Mi profesor se quedaría más tarde para terminar la novela.
   Ellos se irían a dormir sin terminar de leerla.
   Nosotros leeríamos la última página para saber el final.

4. Mi padre trataría de comprárselas a su jefe.
Yo compraría las entradas a cualquier precio.
Tú mirarías el partido por televisión.

5. Mis padres irían a visitarlo.
El doctor le daría esperanzas.
Yo lo ayudaría con los quehaceres.

p. 232 Ex. C. Con más tiempo...

Answers will vary. Possible answers:

1. Si mi mejor amigo me hubiera dicho que se mudaba a otra ciudad, yo me habría puesto muy triste.
2. Si me hubieran suspendido en una prueba de literatura, mis padres se habrían enojado mucho.
3. Si me hubiera enterado de que un amigo estaba bebiendo demasiado, yo habría hablado con sus padres.
4. Si no hubiera perdido el pasaporte, habría podido viajar.
5. Si lo hubiera visto a tiempo, le habría gritado que no corriera hacia la calle.
6. Si hubiera tenido más tiempo para pensar, me habría acordado de la fecha.

p. 233 Ex. D. Reacciones

Answers will vary. Possible answers:

1. Si yo hubiera visto el incendio, habría llamado a los bomberos.
2. Si yo hubiera estado allí, habría ayudado a la anciana.
3. Si yo hubiera encontrado el dinero, se lo habría dado a los pobres.
4. Si yo hubiera estado allí, habría consolado a la niña.
5. Si yo hubiera comprado esa casa, la habría refaccionado.

p. 234 Escenas

1. tengamos, molesta, haga
2. estaba (estuvo, había estado), tenía, llegó, fueras (hubieras ido)
3. tenías, llegará, llegara, permitas, necesite
4. trajeras, olvidó, des
5. hubieras visto, te fijes, hago, vieran, iba, hubiera sido, habrías hecho
6. consiguieron, fuera, dejaron, me levantara, pueda, digas, está, estés, fueras, Tengo, dejen, visite, decidas

p. 236 Ex. A. Una defensa legal

Answers will vary.
Possible answers:

Damas y caballeros del jurado, les pido que tengan compasión por mi cliente. El día de los hechos, él había perdido su trabajo y estaba desesperado. Si él no hubiera perdido el trabajo, jamás habría pensado en robar. (Etc.)

p. 236 Ex. B. ¡Qué comportamiento!

Answers will vary.
Possible answers:

Aquel niño de cabello rizado es Rodolfito. Él siempre está corriendo de aquí para allá como si fuera un torbellino. Ésa es Catalina. Cada vez que su mamá la trae a la escuela, ella llora como si la estuvieran torturando. Luego, cinco minutos después está jugando con los otros niños como si nada hubiera pasado. (Etc.)

p. 236 Ex. C. Esperanzas, temores y deseos

Answers will vary.
Possible answers:

Cuando era más joven, yo dudaba que pudiera conseguir entrar a la universidad. Yo sabía que para mis padres era muy importante que yo siguiera una carrera, y eso me preocupaba mucho. Mis padres habían hecho muchos sacrificios con tal de que yo tuviera una buena educación. (Etc.)

p. 236 Ex. D. Un paso gigantesco

Answers will vary.
Possible answers:

Si yo hubiera sido la primera persona en pisar suelo lunar, yo me habría sentido muy orgulloso(a). Seguramente habría tenido ganas de dar saltos de alegría. Habría aprovechado la oportunidad para hacer un pedido por la paz mundial. (Etc.)

p. 237 Ex. E. Pero, ¿por qué harías tal cosa?

Answers will vary.
Possible answers:

1. ¿En qué estaría pensando?
   ¿Estaría de muy mal humor?
2. ¿Se creerían muy listas?
   ¿Pensarían que nadie se iba a dar cuenta?
3. ¿Se habría olvidado?
   ¿Estaría muy cansado?

4. ¿Habría pensado en las consecuencias?
   ¿Por qué habría hecho tal tontería?
5. ¿No sabría que está prohibido comer en los pasillos?
   ¿Se habría olvidado de las reglas?

p. 237 Ex. F. Era importante que lo termináramos...

Answers will vary.
Possible answers:
Era importante que termináramos el trabajo para hoy porque el profesor quería que estuviera listo antes de las vacaciones de invierno. Como toda la semana que viene tenemos exámenes, era importante que lo termináramos cuanto antes. (Etc.)

p. 237 Sin rodeos...
Answers will vary.

p. 237 En escena
Answers will vary.
Possible answers:
1. La mujer piloto buscaba trabajo. Ella tenía la esperanza de conseguir trabajo porque estaba desempleada.
2. Ella vio un aviso y llamó por teléfono para concertar una entrevista con el gerente de personal de la aerolínea.
3. Al día siguiente, ella fue a la entrevista. El gerente de personal le preguntó sobre sus sueños y aspiraciones. Ella consiguió el puesto.
4. Unos meses más tarde, mientras piloteaba su avión, la mujer se sintió afortunada por tener un trabajo tan aventurero.
5. Pero cuando aterrizó en el lugar más frío del mundo, la mujer se sintió desanimada.
6. Ella empezó a extrañar su casa. Yo le diría que fue una lástima que le tocara ir a un lugar tan frío. Ojalá que su próximo vuelo fuera a una isla tropical.

Etapa 6
La narración y la descripción en el pasado (III)

p. 242 Ex. A. Cambios
1. entraran, entráramos, entrara, entraras
2. saliéramos, salieran, saliera, salieran
3. comieran, comiera, comiéramos, comieras
4. trajera, trajeran, trajera, trajéramos
5. fueran, fuéramos, fueras, fueran
6. nos pusiéramos, te pusieras, se pusieran, me pusiera
7. asistieran, asistiera, asistiéramos, asistieras
8. tuviéramos, tuviera, tuvieran, tuviera

p. 242 Ex. B. Expectativas...
1. estuvieran
2. tuviera
3. se despidiera
4. quisieran
5. se sintieran
6. cupiera
7. supiera
8. hiciéramos
9. diera
10. se acordara
11. pudieran
12. se olvidara, fuera

p. 243 Ex. C. Frases incompletas
1. fuera
2. hubiera
3. dijéramos
4. trabajaras
5. asistieran

p. 243 Ex. D. Como si...
1. comprendiera
2. conociéramos
3. ayudara
4. pudieras
5. supiera

p. 243 Ex. E. En el pasado...
1. hablara
2. asistieran
3. interesara

4. llegaran
5. estuviera
6. hubiera
7. aumentaran
8. comprendiera

p. 244 Ex. A. Cambios

1. hubiera visto, hubiera visto, hubieran visto, hubiéramos visto
2. hubiera descrito, hubiera descrito, hubieras descrito, hubieran descrito
3. hubieran dicho, hubiera dicho, hubiera dicho, hubiéramos dicho

p. 244 Ex. B. ¡Cuánto lo siento!

1. hubieran ido
2. hubiera esperado, se hubiera graduado
3. hubiera durado
4. se hubiera ido
5. hubiera dicho
6. se hubieran hecho

p. 245 Ex. C. ¡Qué desastre!

1. hubiera caído
2. hubiera pasado
3. hubiera estado
4. hubieran tenido
5. hubieran tenido

p. 246 Ex. A. Cambios

1. diría, dirían, diríamos, dirías, diría
2. querrías, querríamos, querría, querrían, querría
3. podrían, podrías, podrían, podría, podría
4. valdrían, valdría, valdría, valdrían
5. diría, diría, diríamos, dirían, dirían
6. hablaríamos, hablaría, hablaría, hablarías, hablarían
7. sabrían, sabrías, sabría, sabríamos, sabría
8. saldría, saldría, saldría, saldríamos, saldrían
9. dejaría, dejaría, dejaríamos, dejarías, dejarían
10. tendría, tendrías, tendrían, tendríamos, tendría

p. 246 Ex. B. Para completar...

1. llamaría
2. Estaría
3. vendrían
4. Habría
5. sería

p. 247 Ex. C. Opciones

1. compraría, usarían, buscaría, compondría
2. jugaríamos, iría, te quedarías, harían
3. irían, podría, haría, tendría
4. llamaríamos, tendría, valdría, sería

p. 248 Ex. A. Cambios

1. habría vuelto, habríamos vuelto, habrían vuelto, habría vuelto, habrías vuelto
2. habrían estado, habría estado, habríamos estado, habría estado, habría estado
3. habría puesto, habrían puesto, habríamos puesto, habrías puesto, habrían puesto

p. 248 Ex. B. En el futuro...

1. habrían pensado, habría pensado, habríamos pensado, habrías pensado, habrían pensado
2. habrían visitado, habríamos visitado, habría visitado, habrían visitado, habrías visitado
3. habrían dicho, habría dicho, habría dicho, habrías dicho, habrían dicho
4. habrían hecho, habrías hecho, habría hecho, habrían hecho, habrían hecho
5. habrían podido, habríamos podido, habría podido, habrías podido, habría podido

p. 248 Ex. C. A la fiesta de Victoria

1. habría conocido
2. me habría sentido
3. me habría divertido
4. habría bailado
5. habría hecho
6. me habría quedado

Paso 1

Nouns and articles

p. 251 Ex. A. ¿Qué artículo debemos usar?

Answers will vary.
Possible answers:

1. el telegrama corto
2. los equipajes pesados
3. la computadora nueva
4. el Caribe venezolano
5. la soledad abrumadora
6. los garajes abiertos
7. la crisis económica
8. la caries dolorosa
9. el diploma ambicionado
10. la libertad maravillosa
11. el calor insoportable
12. la canción alegre
13. la explosión ensordecedora
14. el amor apasionado
15. las Filipinas lejanas
16. el fantasma atormentado
17. las manzanas sabrosas
18. la flor bella
19. el clima cálido
20. la labor difícil
21. el crucigrama complicado
22. la juventud eterna

p. 252 Ex. B. Sustantivos compuestos

1. el abrelatas
2. el portamonedas
3. el tocadiscos
4. el sacacorchos
5. el paraguas
6. el lavamanos
7. el portaaviones
8. el parabrisas

p. 252 Ex. C. ¿Cómo se llama el árbol que da las siguientes frutas?

1. la cereza, el cerezo
2. la naranja, el naranjo
3. la almendra, el almendro
4. la castaña, el castaño
5. la manzana; el manzano
6. la ciruela, el ciruelo
7. la pera, el peral
8. la avellana, el avellano

p. 255 Ex. A. En español, por favor

1. Muchas aves
2. un escorpión venenoso
3. el portamonedas
4. el aula pequeña
5. los poemas románticos
6. El hada generosa
7. la última víctima
8. mucha gente

p. 255 Ex. B. Definiciones

1. el mapa
2. la mano
3. el día
4. la pizarra
5. la juventud
6. la llave
7. los peces
8. el aula
9. el tranvía

p. 256 Ex. C. Compara a las siguientes personas o animales

1. La reina es más importante que el príncipe.
2. El gallo es menos fuerte que el caballo.
3. El tucán es menos (más) bonito que el gato.
4. La vaca es más grande que el carnero.
5. El poeta es más intelectual que el bailarín.
6. La actriz es más (menos) popular que la cantante.

p. 256 Ex. D. Cambios

1. el yerno
2. el rey
3. el varón
4. el príncipe
5. el caballo
6. el gallo
7. el hombre
8. el actor
9. la poetisa
10. la duquesa
11. la oveja
12. la emperatriz
13. la madre
14. la esposa
15. la vaca
16. la heroína

p. 256 Ex. E. Cambios
1. el campeón
2. el atleta
3. el adolescente
4. el representante
5. la víctima
6. la persona
7. el camarada
8. el joven
9. la doctora
10. la cantante
11. la agente
12. la nuera
13. el ser
14. la hembra
15. el personaje
16. el ángel

p. 257 Ex. F. Una obra de teatro
Answers will vary.
Possible answers:
…va a hacer el papel del bailarín; El bailarín es ágil y elegante; …va a hacer el papel de la turista; La turista es ingenua y confiada; …va a hacer el papel del espía; El espía es astuto y callado; …va a hacer el papel de la víctima; La víctima es frágil y temerosa.

p. 257 Ex. G. En compañía de...
Answers will vary.
Possible answers:
1. En el Arca de Noé yo pondría una vaca y un caballo.
2. Yo invitaría al rey de España y a una estrella de cine.
3. Yo llevaría un mapa y un abrelatas.
4. Yo llevaría equipaje y un cantante.
5. Yo no llevaría un arma ni un gato.

p. 258 Ex. H. En forma de pregunta, por favor
1. ¿Qué es una corte?
2. ¿Qué es un editorial?
3. ¿Qué es un desastre?
4. ¿Qué es la noche?
5. ¿Qué es un genio?
6. ¿Qué es el Caribe?
7. ¿Qué es agosto?
8. ¿Qué es un espía?
9. ¿Qué es un representante?
10. ¿Qué es una vaca?
11. ¿Qué es un yerno?

12. ¿Qué es una heroína?
13. ¿Qué es un periodista?
14. ¿Qué es un campeón?
15. ¿Qué es el amor?

p. 259 Ex. I. Identificaciones
1. la cometa
2. la corte
3. la capital
4. el frente
5. el pendiente
6. el papa
7. la frente
8. la papa
9. la guía
10. la pendiente
11. el policía
12. el guía

p. 260 Ex. J. Más definiciones
Answers will vary.
Possible answers:
1. Un meteorito en movimiento.
2. Un artículo de opinión.
3. Un método para sanarse.
4. Algo para comer.
5. Un mandato.
6. Cuando cada cosa está en su lugar.
7. Una cantidad de dinero.
8. Las primeras horas del día.
9. Un sacerdote.

p. 261 Ex. A. Escribe el plural...
1. las voces (*the voices*)
2. los aviones (*the airplanes*)
3. los martes (*Tuesdays*)
4. los veranos (*the summers*)
5. las manos (*the hands*)
6. los paraguas (*the umbrellas*)
7. los almendros (*the almond trees*)
8. las flores (*the flowers*)
9. las raíces (*the roots*)
10. los caballos (*the horses*)
11. los sofás (*the sofas*)
12. las papas (*the potatoes*)
13. los campeones (*the champions*)
14. las jóvenes (*the young girls*)
15. los cantantes (*the singers*)

p. 261 Ex. B. Escribe el plural...

1. las naciones
2. los pasajes
3. los almacenes
4. los papeles
5. los directores
6. las cruces
7. los ingleses
8. los reyes
9. los cines
10. los salones
11. las narices
12. las paredes
13. las fuentes
14. los jardines
15. las mujeres
16. las leyes
17. los frijoles
18. las luces
19. los dólares
20. los disfraces

p. 264 Ex. A. El País en México

el, el, La, las, la, el, los, las, la, el, La, el, las, los, la, la, los

p. 265 Ex. B. Situaciones incompletas

1. El, la, el, al, las, el, la, X, la, el, X, al
2. el, el, al, Lo, X, X
3. la, la, al, la, el, el, la, al
4. X, X, el, del, al, al, X, los, los, al, la, las, del
5. las, la, el, la, la, Lo, el/la
6. X, el, las, el, al, los, las, los

p. 266 Ex. C. Más situaciones

1. las
2. X, del, al
3. la
4. los
5. La

p. 267 Ex. D. ¡No estoy de acuerdo!

1. Lo interesante sería ver la película.
2. Lo divertido sería ir de compras.
3. Lo emocionante sería subir al observatorio.
4. Lo mejor sería ordenar las raquetas por teléfono.
5. Lo bonito sería comprarle cintas.

p. 267 Ex. E. ¿Qué es para ti...?

Answers will vary.
Possible answers:

1. Lo aburrido para mí son las discusiones sobre política.
2. Lo triste para mí es que haya gente sin hogar.
3. Lo romántico es que tu novio te traiga flores.
4. Lo curioso es que nadie me avisó que venías.
5. Lo cómico es que mi hermanito cree que existe Papá Noel.
6. Lo malo es que no podremos terminar a tiempo.
7. Lo fácil es que podemos usar la calculadora para este examen.
8. Lo desagradable es que nadie me dijo la verdad.
9. Lo peor es que me siento traicionado(a).
10. Lo agradable es que podemos estar al aire libre.

p. 269 El artículo indefinido

unos, Una, unos, Una, X, X, X, una, un, X, una, X

Paso 2

Subject pronouns and prepositional pronouns

p. 271 Ex. A. ¿Qué pasaba?

1. Él
2. Ella
3. Ellos
4. Ellos
5. Él
6. Ella
7. Ellos
8. Nosotros

p. 271 Ex. B. En clase

1. tú
2. ellos
3. yo
4. él
5. él
6. Ellos
7. Nosotras

p. 272 Ex. C. ¿Qué forma debes usar?

1. Ud.
2. tú
3. Ud.
4. Ud.
5. Uds.
6. tú
7. Ud.
8. Ud.
9. Uds.
10. tú

p. 273 Ex. A. Cambios

1. él, nosotros, ti
2. ellos, ella, ellas
3. ellas, él, nosotras
4. él, ellas, Uds.
5. ellas, ellos, mí

p. 273 Ex. B. Una fiesta de cumpleaños

1. Sí, voy contigo.
2. Sí, es para ella.
3. Sí, hablaban mucho de ellos.
4. Sí, quiero sentarme al lado de él.
5. Sí, la dan sin ellos.
6. Sí, todos menos tú.
7. Sí, es de ella.

p. 274 Ex. C. En el partido

1. Es para ti.
2. Hablamos de ellos.
3. Juegan contra nosotros.
4. Está enfrente de mí.
5. Según ellas van a cancelar el partido.
6. Me gritan a mí.

Paso 3

Object pronouns

p. 277 Ex. A. En el restaurante
1. Voy a pedirla.
2. Los quiero probar.
3. Voy a pedirlo.
4. La probamos.
5. Están preparándolos.
6. Las voy a terminar.
7. Lo llamamos ahora.
8. Yo la dejo.

p. 278 Ex. B. ¿Listo para salir de viaje?
1. Sí, me ha llamado. / No, no me ha llamado.
2. Sí, los he visto. / No, no los he visto.
3. Sí, los he comprado. / No, no los he comprado.
4. Sí, lo he puesto. / No, no lo he puesto.
5. Sí, las he hecho. / No, no las he hecho.
6. Sí, lo he leído. / No, no lo he leído.
7. Sí, lo he cambiado. / No, no lo he cambiado.

p. 278 Ex. C. Los regalos
1. les, nos
2. le, le
3. le, les
4. le, le
5. te, te
6. les, les
7. me, me
8. les, nos

p. 279 Ex. D. Planes para una visita al museo
Answers will vary.
Possible answers:
1. Sí, me interesa.
2. Sí, la quiero.
3. Sí, ellos me van a acompañar.
4. Sí, te la puedo dar.
5. Espéranos a las cuatro de la tarde.
6. Sí, te voy a llamar.
7. Sí, lo puedes invitar.
8. Sí, dásela.

p. 279 Ex. E. En la consulta
1. me
2. le
3. me
4. le
5. los
6. les

p. 280 Ex. F. En el estadio
1. A ella
2. a nosotros
3. a ti
4. a ellos
5. a mí
6. A nosotros
7. a ellos
8. A ellos

p. 280 Ex. G. Una receta
1. Sí, córtalas. / No, no las cortes.
2. Sí, mézclalos. / No, no los mezcles.
3. Sí, hiérvela. / No, no la hiervas.
4. Sí, enciéndelo. / No, no lo enciendas.
5. Sí, ponlo. / No, no lo pongas.
6. Sí, ponla. / No, no la pongas.
7. Sí, añádelo. / No, no lo añadas.
8. Sí, caliéntalo. / No, no lo calientes.

p. 281 Ex. H. De excursión
1. Sí, cómprenlo aquí. / No, no lo compren aquí.
2. Sí, espérenlo aquí. / No, no lo esperen aquí.
3. Sí, déjenlas aquí. / No, no las dejen aquí.
4. Sí, tráiganlos. / No, no los traigan.
5. Sí, devuélvanlos. / No, no los devuelvan.
6. Sí, llévenlo. / No, no lo lleven.
7. Sí, pónganlas. / No, no las pongan.
8. Sí, condúzcanlas. / No, no las conduzcan.
9. Sí, escríbanlas. / No, no las escriban.
10. Sí, páguenla. / No, no la paguen.

p. 282 Ex. I. Más mandatos
1. Preséntamela.
2. Véndansela a algún estudiante.
3. Quítaselos.
4. Tráigannoslo.
5. Préstenmelo.
6. Háblale.
7. Pídanles permiso a sus padres.

p. 282 Ex. J. Más mandatos

1. Cómpraselo a ellos.
2. Dínosla a nosotros.
3. Cuéntamelo a mí.
4. Véndeselo a ellos.
5. Envíasela a él.
6. Pídeselos a él.
7. Cómpraselos a ella.
8. Devuélveselas a ellas.
9. Préstanoslo a nosotros.
10. Pregúntaselo a él.

p. 283 Ex. K. Los quehaceres de casa

1. Sí, sigo quitándolo. / Sí, lo sigo quitando.
2. No, no estoy pasándola. / No, no la estoy pasando.
3. No, no estoy haciéndola. / No, no la estoy haciendo.
4. Sí, sigo recogiéndola. / Sí, la sigo recogiendo.
5. Sí, estoy lavándola. / Sí, la estoy lavando.
6. No, no continúo planchándolas. / No, no las continúo planchando.
7. Sí, estoy cambiándolas. / Sí, las estoy cambiando.
8. No, no sigo lavándolos. / No, no los sigo lavando.

p. 284 Ex. L. En el barrio

1. Sí, pienso devolverlo. / Sí, lo pienso devolver.
2. No, no quiero ayudarlos. / No, no los quiero ayudar.
3. Sí, voy a pintarla. / Sí, la voy a pintar.
4. Sí, tengo que cuidarlos. / Sí, los tengo que cuidar.
5. No, no espero conocerlos. / No, no los espero conocer.
6. Sí, deseo visitarlo. / Sí, lo deseo visitar.
7. No, no voy a cortarlo. / No, no lo voy a cortar.

p. 284 Ex. M. De compras

1. Ella me lo mostró.
2. Se los compré.
3. Nos lo explicó.
4. Se las dijimos.
5. Él nos las quería ofrecer gratis. / Él quería ofrecérnoslas gratis.
6. Un cliente se las estaba repitiendo.
7. Él nos lo bajó.
8. Yo se lo estaba mostrando.
9. Él no quiso decírmelo.
10. Ellos se las dieron a su hermano.

p. 285 Ex. N. Escenas

1. la, La, –la, Lo, te, –lo, –selo, le
2. Les, se las, las, me, –te, –lo, lo, nos, –me, Te, lo

Paso 4

Relative pronouns

p. 287 Ex. A. En mi niñez
1. Me subía al árbol, que era muy alto.
2. Mi mamá me hacía cuentos que eran muy interesantes.
3. Yo iba a patinar en el parque que estaba a tres cuadras de la escuela.
4. Mi mamá me llevaba a la escuela que estaba en la esquina de mi casa.
5. Yo jugaba a muchos juegos que eran divertidos.
6. Por la tarde regresaba a casa con mi tía, que era profesora en la misma escuela.

p. 288 Ex. B. Ideas sobre una novela
1. Los personajes que aparecen en la novela son interesantes.
2. El final que escribió el autor es sorprendente.
3. El título que escogió el autor es demasiado largo.
4. El ambiente que describió el autor es realista.
5. La película que hicieron sobre la novela salió el año pasado.

p. 288 Ex. C. Las fotos
1. Aquella es la cámara con (la) que hicimos el video.
2. Ese es el avión en (el) que fuimos a Madrid.
3. Aquí están los boletos con (los) que entramos a la corrida de toros.
4. Esa es la tienda en (la) que encontré el abanico.
5. Estos son los panfletos de las excursiones de (los) que te hablé.
6. Esta es la playa en (la) que conocimos a Jorge.
7. Esta es la carretera en (la) que por poco tuvimos un accidente.

p. 289 Ex. A. Preparativos
que/a quienes, quien, quienes, quienes, que/quienes, quienes, que/quien, quienes

p. 290 Ex. B. La fiesta
1. Juan, que/quien preparó el flan, es un cocinero excelente.
2. Tadeo e Isabel, que/quienes compraron todos los refrescos, recibieron un descuento.
3. Mi madre, que/quien sólo hizo dos pasteles de manzana, está muy ocupada.
4. Julio y Santiago, que/quienes invitaron a sus primas, van a dar una fiesta.
5. Celia, que/quien escogió la música, conoce las canciones más populares.

p. 291 Ex. A. En la escuela
1. No he visto al profesor de música, el que enseña en el segundo piso.
2. Los amigos de Jorge están sentados allí, los que llevan camisetas azules.
3. Allí viene la profesora, la que enseña inglés.
4. Esas chicas son las estudiantes de intercambio, las que están hablando con la directora.
5. Ay, mira a Alberto, el que fue mi novio el año pasado.

p. 291 Ex. B. En el campo deportivo
1. Ese hombre allí, el que tiene mucha energía, es muy joven.
2. Esos jugadores, los que siempre ganan, son los campeones de tenis.
3. Esa entrenadora, la que enseña vólibol, es muy estricta.
4. Esas chicas, las que ayudan al entrenador, no juegan con el equipo de béisbol.
5. Esos chicos, los que corren en el campo de fútbol, son mis amigos.

p. 292 Ex. C. Más información
Answers will vary.
Possible answers:
1. Mi tío, el que es jugador de ajedrez, viaja mucho durante el verano.
2. Las estudiantes de intercambio, las que llegaron ayer, se van a quedar aquí por dos meses.
3. Los vecinos de Julia, los que viven en esa casa de la esquina, siempre hacen mucho ruido.
4. La hija del director, la que está sentada allí, recibió una beca para estudiar en la universidad.
5. El abogado de mis padres, el que salió por televisión, ganó un caso muy importante.
6. Mis amigos de la República Dominicana, los que viajaron conmigo por Sudamérica, vienen a visitarnos el mes próximo.

p. 292 Ex. D. En pocas palabras

1. Las que vi en el restaurante anoche van a una escuela privada.
2. El que está en la esquina anda perdido.
3. La que hace cola espera la venta de los boletos.
4. Los que van en este coche patrullan este vecindario.
5. El que corre se parece a mi amigo Gilberto.
6. Las que están en esa tienda llevan vestidos elegantes.

p. 293 El juicio

1. Nos sentamos delante del señor, el cual/que/quien era abogado.
2. Le hablamos al hijo de Marta, el cual/que/quien había estudiado derecho.
3. El juez quiso hablar con el testigo, el cual/que/quien vio todo lo que sucedió.
4. Visitamos el restaurante, enfrente del cual/del que había dos mesas.
5. Preguntamos por las camareras, las cuales/que/quienes trabajan en otro restaurante ahora.
6. Después del accidente hablé con la esposa de Alberto, que/quien será testigo también.

p. 294 ¡A esquiar!

Answers will vary.
Possible answers:

1. ...lo que es fabuloso.
2. ...lo que me da pereza.
3. ...lo que es una lástima.
4. ...lo que es un inconveniente.
5. ...lo que es un problema.
6. ...lo que será muy divertido.

p. 295 La ecología

Answers will vary.
Possible answers:

1. ...lo cual no es difícil.
2. ...lo cual encuentro escandaloso.
3. ...lo que muchas personas no hacen.
4. ...lo cual facilita el trabajo de los recolectores de basura.
5. ...lo cual hay que recordar siempre.

p. 296 Ex. A. Completando ideas

1. cuya
2. cuyas
3. cuyo
4. cuyos
5. cuyos
6. cuyas
7. cuyo
8. cuyos
9. cuya
10. cuyas

p. 296 Ex. B. Ideas sobre la televisión

1. Los padres cuyos hijos ven demasiada televisión se quejan del contenido.
2. Las estaciones de PBS, cuyos programas son buenos, ayudan a los jóvenes.
3. Este noticiero, cuyo reportaje ganó un premio, es excelente.
4. Los programas cuya audiencia es muy joven tienen éxito.
5. La locutora, cuyas entrevistas son en vivo, visita varios países latinoamericanos.

Paso 5

Interrogatives and exclamations

p. 299 Ex. A. Preguntas básicas
1. ¿Qué...?
2. ¿Adónde...?
3. ¿Quién...?
4. ¿Qué...?
5. ¿Dónde...?
6. ¿Cuál...?
7. ¿Cómo...?
8. ¿Quiénes...?
9. ¿Cuáles...?
10. ¿Cuándo...?

p. 299 Ex. B. ¿Y?
1. ¿Con quién vas tú?
2. ¿Cuándo naciste tú?
3. ¿De quién son ésas?
4. ¿Por qué lo haces tú?
5. ¿Cómo es tu clase?
6. ¿Qué tienes tú?
7. ¿A qué hora te marchas?
8. ¿Cuál es el nombre del otro hotel?
9. ¿Qué es la zarzuela?
10. ¿De qué color es la blusa de ella?

p. 300 Ex. C. Unos turistas en la ciudad
1. ¿Quién puede ayudarme?
2. ¿Cómo se llama ese edificio?
3. ¿Dónde se encuentra la agencia de viajes?
4. ¿Dónde se pueden conseguir mapas?
5. ¿Cuántas personas vienen al partido?
6. ¿Cómo es el transporte público?
7. ¿Por qué hay tanta gente hoy?
8. ¿Cuánto vale una excursión por la ciudad?
9. ¿A qué hora se abren las tiendas?
10. ¿Qué hace ese hombre?/¿Quién es ese hombre?

p. 300 Ex. D. Quieren saber
Answers will vary.
Possible answers:
1. ¿Cuánto cuesta el viaje desde aquí hasta el centro?
2. ¿Qué edad tiene este niño?
3. ¿A qué hora sale el avión?
4. ¿Qué nota saqué en el examen?

5. ¿Cuántos empleados trabajan tiempo completo?
6. ¿Cómo funciona el nuevo sistema de computadoras?
7. ¿Cuál es su número de pasaporte?
8. ¿A qué hora puedo ir afuera para jugar?
9. ¿Cómo se llaman los delincuentes?
10. ¿De qué se lo acusa a mi cliente?

p. 301 Ex. E. En un museo
1. ¿Qué...?
2. ¿Cuáles...?
3. ¿Qué...?
4. ¿A qué...?
5. ¿cuál...?
6. ¿Cuál...?
7. ¿Cuál...?
8. ¿En qué...?
9. ¿Qué...?
10. ¿Con qué...?

p. 302 Tu reacción
Answers will vary.
Possible answers:
1. ¡Qué cara!
2. ¡Qué lástima que no viniste!
3. ¡Qué calor tan espantoso!
4. ¡Qué apetito tiene ese chico!
5. ¡Qué tiempo de perros!
6. ¡Qué buen amigo eres!
7. ¡Qué lindo gesto!
8. ¡Qué molesto!
9. ¡Qué clase tan aburrida!
10. ¡Qué atlético es tu padre!

Paso 6

Numbers

p. 305 Ex. A. Los números

1. una
2. dos
3. cuatro
4. diez
5. once
6. doce
7. trece
8. dieciocho
9. veintiún
10. treinta
11. cuarenta, cuarenta
12. cincuenta y dos
13. ciento un
14. ciento ochenta
15. trescientos sesenta y cinco
16. quinientos
17. mil
18. mil quinientos
19. cinco mil doscientas ochenta
20. cien mil
21. mil millones

p. 306 Ex. B. En la agencia de viajes

dos, tres, treinta y uno, diecinueve, veinticinco mil setecientas sesenta y cinco, diez, dos mil quinientos setenta y seis, cuarenta y seis mil trescientas setenta y ocho, un, primero, diecinueve mil novecientos cincuenta, treinta y nueve mil novecientas, seis mil cuatrocientos setenta y ocho, primero, nueve mil novecientos setenta y cinco, veintinueve mil novecientos veinticinco, primero, cientos

p. 307 Ex. C. Números

Answers will vary.
Possible answers:

1. doce
2. veinte
3. millones
4. siete
5. once
6. cuarenta y ocho
7. siete
8. cincuenta
9. seis
10. cinco
11. veintiocho
12. doce
13. mil novecientos noventa y nueve
14. dos mil

p. 307 Ex. D. Transcribir las cifras

ocho mil trescientas setenta y seis, veinticinco mil ciento cincuenta, diecinueve mil ochocientas cuarenta y cuatro, sesenta y ocho mil quinientas treinta y ocho, trece mil setecientas setenta y cinco, ciento treinta y cinco mil seiscientas ochenta y tres

p. 308 Ex. E. Las instrucciones

cuatrocientos noventa y cinco, cien, treinta y ocho, tercera, ciento veintiocho, ciento veintiocho, veintiún, cuarta, cincuenta y cinco, primer, séptimo, mil ochocientos cuarenta y cinco, mil doscientos treinta y nueve, doce

p. 308 Ex. F. Índice de audiencias

1. En SER Conv, ochocientas noventa y cinco mil personas de audiencia. En RNE Conv, setecientas veintinueve mil personas de audiencia. El total fue seis millones doscientas cuarenta y ocho mil personas.
2. El programa más popular fue *Escrito en el aire*. Lo miraron seiscientas veintiséis mil personas.
3. *De par en par*. Cuatrocientos noventa y seis mil televidentes miraron televisión ese día.
4. El programa más popular fue *Supergarcía en la hora cero*. Lo miraron un millón veintiséis mil personas. El porcentaje de la audiencia fue el treinta y seis coma ocho por ciento.

Paso 7

Indefinite and negative words

p. 311 Ex. A. Cambios

1. Eso no lo hizo ningún estudiante de esa clase.
2. Yo no los acompaño nunca.
3. Mis amigas tampoco están de acuerdo.
4. No voy a invitar ni a Juan ni a Horacio.
5. Nunca encontraré a nadie que me ayude.
6. Nadie dijo que yo sabía nada.
7. Nunca tiene nada que decir.
8. Tampoco sé que nadie llevó algo para la fiesta.

p. 312 Ex. B. No, no...

Answers will vary.
Possible answers:

1. No, yo tampoco lo he visto.
2. No, aún no lo he terminado.
3. No, no hay nadie aquí que sepa ruso.
4. No, no hay ningún chico que sepa lo que pasó.
5. No, nunca he ganado nada.
6. No vamos a jugar ni a estudiar.
7. No, no conozco a ninguna de las chicas.
8. No, no tengo ningún día libre esta semana.
9. No, nunca encontré a nadie allí.
10. No, nunca he estado en Barcelona.

p. 313 Ex. A. Completando ideas

1. sino
2. sino que
3. sino
4. sino
5. pero
6. pero
7. sino
8. sino que
9. pero
10. pero

p. 313 Ex. B. Con originalidad

Answers will vary.
Possible answers:

1. Tuve que ir a la biblioteca, pero allí tampoco conseguí la información que buscaba.
2. No le pidas que te acompañe sino que te explique cómo llegar.
3. No le hables a Rosana sino a Elena.
4. Tráeme los discos, pero puedes quedarte con las cintas un tiempo más.
5. No la llevó a la escuela sino que le compró un helado.
6. Fabio y Salvador querían compartir el cuarto, pero era muy pequeño.
7. No quería pintar la pared sino que la quería empapelar.
8. No le pedí perdón sino que le expliqué las razones de mi comportamiento.
9. Nunca le compro flores sino perfumes.
10. ¿Le puedes decir a Felipe que no venga hoy sino el fin de semana que viene?

Paso 8

Gustar and verbs like *gustar*

p. 315 Ex. A. Cambios

1. A él le fastidia, A Ud. le fastidia, A nosotros nos fastidia, A ti te fastidia
2. A ti te encanta, A Miguel le encanta, A Teresa y a mí nos encanta, A Uds. les encanta
3. ¿A ti no te interesa la biografía de Miguel de Cervantes?, ¿A ti no te interesa pasear por el centro?, ¿A ti no te interesan las galerías de arte?, ¿A ti no te interesa cantar y bailar?
4. A mí me hacen falta, a Ud. le hacen falta, a nosotros nos hacen falta, a Fermín le hacen falta

p. 315 Ex. B. Frases incompletas

1. A mí me duelen las muelas.
2. A Salvador le conviene ir a una universidad pequeña.
3. A Uds. les parecen difíciles los ejercicios de álgebra.
4. A ti te preocupan los problemas del medio ambiente.
5. A nosotros nos interesa la beca que ofrecen.
6. A Juanita le faltan tres años para terminar su carrera.
7. A Lisa y a Eduardo les sorprende la cantidad de personas que no tienen casa.
8. A mí me sobra dinero al final de la semana.

p. 315 Ex. C. Gustos y necesidades

Answers will vary.
Possible answers:
A mí me encantan las películas de suspenso; A mis amigos les molesta la música fuerte; A mis padres les gustan los profesores exigentes; A mi mejor amigo le aburren los juegos electrónicos; A nosotros, los estudiantes, nos aburren las formalidades; A los profesores les molestan los estudiantes revoltosos. (Etc.)

p. 316 Ex. D. En español, por favor

1. A ti te toca sacar la basura.
2. Me molesta la gente que se queja.
3. A mi no me importan los problemas de Gustavo.
4. Nos agrada dar un paseo a pie.
5. ¿Cuántas camisas quedan en el estante?

Paso 9

Adverbs

p. 318 Ex. A. Cambios

1. ricamente
2. espontáneamente
3. fácilmente
4. apresuradamente
5. cariñosamente
6. atentamente
7. elegantemente
8. rápidamente
9. débilmente
10. lujosamente
11. apasionadamente
12. originalmente
13. respetuosamente
14. artísticamente
15. sumamente
16. verdaderamente

p. 319 Ex. B. De otra manera

1. felizmente
2. rápidamente
3. cuidadosamente
4. profundamente
5. violentamente
6. curiosamente
7. cortésmente
8. silenciosamente
9. tristemente
10. orgullosamente

p. 319 Ex. C. Varias maneras de hacer las actividades

Answers will vary.
Possible answers:

1. Estudio de buena gana.
2. Cruzo la calle con sumo cuidado.
3. A menudo me encuentro con mis amigos.
4. Siempre hago las tareas al llegar a casa.
5. De vez en cuando voy al cine.
6. Leo el diario tranquilamente.
7. Como despacio.
8. Tomo lecciones de piano con gusto.

p. 319 Ex. D. Un discurso interesante

Afortunadamente, apasionada, elocuentemente, Generalmente, claramente, atentamente/con atención, Rara vez, Francamente, fielmente, dramática, detalladamente

p. 320 Ex. E. Es decir

Answers will vary.
Possible answers:

1. silenciosamente
2. detalladamente
3. rápidamente
4. verazmente
5. completamente
6. alegremente/de buena gana
7. fácilmente/enseguida

p. 320 Ex. F. Cómo se comporta mi familia

Answers will vary.
Possible answers:

1. incansablemente
2. alegremente
3. maravillosamente
4. velozmente
5. de mala gana
6. prudentemente
7. muy bien
8. regularmente
9. diariamente
10. constantemente

Paso 10
Por / Para

p. 322 Ex. A. ¿Por o para?
1. para
2. para/por
3. para
4. Por/Para
5. por
6. para
7. por
8. por
9. por
10. para
11. para
12. por
13. Para
14. por

p. 323 Ex. B. Un viaje
para, por, por, para, para, Por, por, para

p. 323 Ex. C. Un día muy difícil
para, por, para, por, para, por, por, por, para, para
para

Un poco más de práctica

Part A (p. 324)

1
1. a
2. d
3. b
4. a
5. c
6. c
7. b
8. d
9. d
10. c

2
1. d
2. c
3. b
4. a
5. a
6. b
7. c
8. d
9. d
10. c
11. c

3
1. a
2. b
3. a
4. c
5. a
6. c
7. b
8. d
9. a
10. d

4
1. c
2. d
3. a
4. c
5. a
6. d
7. d
8. b
9. c
10. b

5
1. c
2. a
3. d
4. a
5. a
6. b
7. d
8. d
9. c
10. b
11. b
12. a

6
1. b
2. c
3. d
4. a
5. b
6. a
7. b
8. a
9. c
10. c
11. d
12. c

7
1. b
2. a
3. d
4. c
5. a
6. d
7. b
8. d
9. c
10. b
11. a
12. c

8
1. b
2. a
3. d
4. c
5. b
6. d
7. a
8. c
9. b
10. a

Part B (p. 329)

1
1. por ——>para
2. escondido ——>escondidos
3. o ——>u
4. admiraban ——> admiraba
5. olvidaban ——> olvidaran
6. vinieron ——> vendrían
7. Estaba ——> Era
8. sino ——> pero
9. conocíamos ——> supimos
10. de ti ——> tuyos

2
1. Tal ——> Tales
2. habían ——> había
3. esperemos ——> esperamos
4. nos ——>nosotros
5. recogieron ——> recogieran
6. terminó ——> terminara
7. hubiera ——> habrá
8. para ——> por
9. llevando ——> llevar
10. les ——> le

3

1. podía ——> pudiera
2. leído ——> leyendo
3. tenía ——> tuviera
4. ladre ——> ladres
5. tengamos ——> tenemos
6. les ——> le
7. sino que ——> pero
8. Estuvo ——> Era/Fue
9. lave ——> lavara
10. ha descubierto ——> haya descubierto

4

1. expresas ——> expreses
2. estará ——> será
3. salieron ——> salieran
4. tan ——> tanto
5. que ——> de
6. hizo ——> hace
7. las ——> los
8. disfrutamos ——> disfrutábamos
9. en ——> de
10. hablen ——> hablaran

5

1. interese ——> interesa
2. cuya ——> cuyas
3. preparamos ——> preparábamos
4. mí ——> yo
5. cualquiera ——> cualquier
6. cual ——> que
7. ninguno ——> ningún
8. mis ——> las
9. estar ——> ser
10. hay ——> haya

6

1. van ——> vayas
2. fueron ——> eran
3. tendrás ——> tuvieras
4. esperó ——> esperaba
5. ése ——> eso
6. es ——> sea
7. ordenaba ——> ordenó
8. recibimos ——> recibíamos
9. preguntaba ——> preguntando
10. apasionadamente ——> apasionada

7

1. tuve ——> tenía A
2. sino ——> pero B
3. podremos ——> podríamos B
4. habías podido ——> habrías podido B
5. Deme ——> Dame A
6. viendo ——> ver A
7. Qué ——> Cuál A
8. de ——> en A
9. sobras ——> sobran A
10. La ——> Lo A

8

1. entras ——> entres A
2. pudiéramos ——> podríamos C
3. puede ——> pueden B
4. es ——> está C
5. posea ——> posee C
6. mantienen ——> mantengan B
7. reúne ——> reúna B
8. sean ——> son D
9. pudiéramos ——> poder A
10. comería ——> come D

9

1. caminara ——> caminaba D
2. comienza ——> comience A
3. murieron ——> murió D
4. conocen ——> conozcan B
5. era ——> estaba C
6. tan ——> tanto C
7. despertará ——> despertara A
8. recoges ——> recojas B
9. pero ——> sino que B
10. cientos ——> cien A

10

1. éramos ——> estuvimos/estábamos A
2. para ——> por B
3. tratara ——> trató A
4. será ——> sería, era B
5. decides ——> decidas B
6. los ——> el A
7. Le ——> Les A
8. sabía ——> supiera C
9. quien ——> quienes B
10. te quedas ——> te quedes A